Spanish for Communication

Exercise book: Correctives and Enrichment
Revised Edition

by
Gary A. Milgrom

Special editorial consultant:
Ronnie Maibaum

Illustrations:
Jared Richman

© 1999 Curriculum Press, Inc.
Albany, New York

ISBN 0-941519-16-3

© **1999 by** Curriculum Press, Inc., 127 Sheridan Avenue, Albany, N.Y. All rights reserved. No part of this book may be reproduced, stored in a retrieval system or transcribed, in any form or by any means, electronic, mechanical, photocopy or otherwise, without the express written consent of the publisher.

Printed in the United States of America

TABLE OF CONTENTS

•

Unit 1	1	¿Quién eres tú? - Así soy yo. (Primera parte)
Unit 2	12	¿Quién eres tú? - Así soy yo. (Segunda parte)
Unit 3	24	El clima y el tiempo ¿Quién es Ud? - Así soy yo.
Unit 4	37	La escuela
Unit 5	50	La familia
Unit 6	61	Un repaso ¿Quién eres tú? • ¿Quién es Ud.?—Así soy yo. La escuela La familia Resumen gramatical
Unit 7	68	¿Qué hora es? • La casa y la vida del hogar
Unit 8	81	La salud • Los pasatiempos
Unit 9	93	La comida y la bebida • En un restaurante
Unit 10	106	De compras
Unit 11	119	Maneras de viajar España y su geografía Un paseo por Madrid Viajar en Madrid y en el Metro El reloj de 24 horas Viajar en la RENFE
Unit 12	134	Las tiendas • Mi barrio • Los trabajos

CORRECTIVE, UNIT 1   NAME_____

I. Topic: ¿Quién eres tú?

A. FIRST STUDY Aim I, pages 3–5, Aim II, pages 6–8, Aim IVb, pages 13–14, and Aim Va and Vb, pages 14–18.

B. The following are answers that John gave to Ann's questions. Write the questions that Ann asked.

1. **Ana:** ¡Hola! ¿_____?
   Juan: Estoy muy bien.

2. **Ana:** ¿_____?
   Juan: Me llamo Juan.

3. **Ana:** ¿_____?
   Juan: Soy de los Estados Unidos.

4. **Ana:** ¿_____?
   Juan: Tengo quince años.

5. **Ana:** ¿_____
   _____?
   Juan: Mi número de teléfono es 592-7384.

C. Answer the following questions in Spanish.

1. ¿Cuántos años tienes? _____
2. ¿Cómo estás? (o ¿Qué tal?) _____
3. ¿De dónde eres? _____
4. ¿Cómo te llamas? _____
5. ¿Cuál es tu número de teléfono? _____

D. Your teacher or peer partner will ask you five questions. After the second repetition of each question, answer with a complete sentence in Spanish.

1. _____
2. _____
3. _____
4. _____
5. _____

CORRECTIVE, UNIT 1 NAME_____

II. Topic: *Los números: ¿Cuántos años tienes ...?*

A. FIRST STUDY Aim Va, pages 14–15 and Aim VIa, pages 18–19. Be able to state all the numbers from 0–20.

B. Write the number that **follows** each number. (For example, *dos* follows *uno*.)

uno, _dos_ ; tres, _____ ; cinco, _____ ; siete, _____ ; nueve, _____ ;

once, _____ ; trece, _____ ; quince, _____ ;

diez y siete, _____ ; diez y nueve, _____

C. Your teacher or peer partner will tell you the ages of seven people. After the second repetition of each number, write the age of each person in Arabic numbers.

1. ____ 2. ____ 3. ____ 4. ____ 5. ____ 6. ____ 7. ____

III. Topic: *Los números de teléfono*

A. FIRST STUDY Aim Vb, pages 16–18 and then review **Topic II** of this Corrective.

B. Write the following telephone numbers in Spanish words.

1. 590-3264 _____
2. 843-7961 _____

C. Your teacher or peer partner will tell you the telephone numbers of three people. After the second repetition, write each telephone number in Arabic numbers.

1. _____ 2. _____ 3. _____

IV. Topic: *Los números*

A. FIRST STUDY Aim Va and VIa, numbers 0–20 and models of addition and subtraction on pages 15 and 19.

B. Write the following math problems in Spanish words followed by each answer.

1. 5 + 14 = _____
2. 20 - 12 = _____
3. 13 - 6 = _____
4. 11 + 4 = _____
5. 17 - 7 = _____

CORRECTIVE, UNIT 1   NAME_____

V. Topic: *Una conversación entre ... y ....*

A. FIRST STUDY all the Aims of Unit 1 which you have not studied already including Aim III, pages 8–9.

B. Write four ways you have learned to say good-bye.

1. _____   3. _____
2. _____   4. _____

C. Fill in the blanks of this conversation between John and Ann.

1. **Juan:** ¿Hola! ¿_____?

   Ana: Estoy muy bien. ¿Y tú?

2. **Juan:** _____.

   ¿_____?

   Ana: Me llamo Ana. ¿Y tú?

3. **Juan:** _____.

   ¿_____?

   Ana: Tengo quince años. ¿Y tú?

4. **Juan:** _____.

   ¿_____?

   Ana: Soy de los Estados Unidos. ¿Y tú?

5. **Juan:** _____.

   ¿Cuál es tu número de teléfono?

   Ana: _____
   _____.

6. **Ana:** Se me hace tarde. *(It's getting late.)*

   Adiós, Juan.

   Juan: _____, Ana.

CORRECTIVE, UNIT 1   NAME_____

VI. Topic: *¿Dónde se habla español?*

A. Study the location of each of the Spanish-speaking countries on the map of Aim IVa, page 10. Write the name of each country next to the letter it represents.

A. _____   F. _____

B. _____   G. _____

C. _____   H. _____

D. _____   I. _____

E. _____   J. _____

B. Study the geographic regions in which these Spanish-speaking countries are located in the *Vocabulario* of Aim IVa, page 12. Next to each of these Spanish-speaking countries, write the region in which it is located. Select the appropriate answer from these regions:
América del Norte, América Central, el Mar Caribe

país	región	país	región
Guatemala	_____	El Salvador	_____
Cuba	_____	México	_____
Nicaragua	_____	Honduras	_____
Puerto Rico	_____	Panamá	_____
Costa Rica	_____	República Dominicana	_____

4

ENRICHMENT, UNIT 1   NAME_____

I. El nombre de pila (Christian name)

Why is the first name in Spanish called *nombre de pila?* When Christian children are baptized, they receive their first name or names at the holy-water font or basin called *la pila bautismal.*

Do you know how to say your name in Spanish? Not all English names have a Spanish equivalent. Look for your name on the following list. If it is not on the list, choose a Spanish first name that you like or that begins with the same letter as your first name.

A. Complete only **one** of the following statements:

My name in Spanish is _____.

The name I would like to be called in Spanish is _____.

Los nombres de pila de muchachos

Alberto	*Albert*	Guillermo	*William*	Nicolás	*Nicholas*
Alejandro	*Alexander*	Héctor	*Hector*	Pablo	*Paul*
Alfredo	*Alfred*	Heriberto	*Herbert*	Patricio	*Patrick*
Andrés	*Andrew*	Jaime	*James*	Pedro	*Peter*
Ángel	*Angel*	Javier	*Xavier*	Rafael	*Raphael*
Arnaldo	*Arnold*	Jesús	*Jesus*	Ramón	*Raymond*
Benjamín	*Benjamin*	Joaquín	*Jack*	Raúl	*Raul*
Bernardo	*Bernard*	Jorge	*George*	Ricardo	*Richard*
Carlos	*Charles*	José	*Joseph*	Roberto	*Robert*
Cristóbal	*Christopher*	Juan	*John*	Rogelio	*Roger*
Diego	*James, Jim*	Lorenzo	*Larry*	Salvador	*Salvatore*
Eduardo	*Edward*	Luis	*Louis, Lewis*	Samuel	*Samuel*
Enrique	*Henry*	Manuel	*Manuel*	Teodoro	*Theodore*
Esteban	*Steven*	Marcos	*Mark*	Tomás	*Thomas*
Federico	*Fred*	Mateo	*Matthew*	Vicente	*Vincent*
Felipe	*Philip*	Miguel	*Michael*	Víctor	*Victor*
Francisco	*Francis, Frank*				

Los nombres de pila de muchachas

Adela	Adele	Elena	Ellen, Helen, Elaine	Leonor	Lenore, Eleanor
Aida	Ada, Aida	Enriqueta	Henrietta	Luisa	Louise
Alicia	Alice	Esperanza	Hope	Margarita	Margaret
Amalia	Amy	Ester	Esther	María	Mary, Maria
Ana	Ann	Eva	Eva, Eve	Marta	Martha
Bárbara	Barbara	Felipa	Phyllis	Mercedes	Mercedes
Blanca	Blanche	Florencia	Florence	Pilar	Pilar
Carlota	Charlotte	Francisca	Frances	Raquel	Rachel, Raquel
Carmen	Carmen	Gloria	Gloria	Rebeca	Rebecca
Carolina	Caroline	Irene	Irene	Rosa	Rose, Rosa
Catalina	Catherine	Isabel	Isabel, Elizabeth	Sara	Sarah
Clara	Clara, Claire	Josefina	Josephine	Silvia	Sylvia
Cristina	Christine	Juana	Jane, Joan	Sofía	Sophie
Débora	Deborah	Juanita	Joanna, Jean	Susana	Susan
Diana	Diana, Diane	Julia	Julia	Teresa	Theresa
Dolores	Dolores	Laura	Laura	Virginia	Virginia
Dorotea	Dorothy				

ENRICHMENT, UNIT 1   NAME_____

I. El nombre de pila

B. *Buscapalabras* (Wordsearch):

Find 11 Spanish first names of boys given on the list on the previous page. Circle the names you find and write them in the blanks.

```
O L B A P V I O Z B E M
Y E H U I P O S A Q O I
A G I C O S I U L A T G
S R T S I H E S O D E U
L O A B A X F E L I P E
R J D O T M A J M E O L
A O T R E B O R U G I A
T A S U E S A T F O N A
O G U L E H I O E K A Q
M A T E O D R A C I R E
```

1. _____
2. _____
3. _____
4. _____
5. _____
6. _____
7. _____
8. _____
9. _____
10. _____
11. _____

Find 13 Spanish first names of girls given on the list on the previous page. Circle the names you find and write them in the blanks.

```
A M E R C E D E S O B I
L A N E L E Q T U E A S
J U A N A B A P S U T E
T E B O R U I O A P E R
E U S X A L R S N E R O
R A C I A D A P A R I L
E S O R I J M A E B U O
S E M N O T E I K O E D
A N I F E S O J A V I L
W U N E M R A C E A Y O
```

1. _____
2. _____
3. _____
4. _____
5. _____
6. _____
7. _____
8. _____
9. _____
10. _____
11. _____
12. _____
13. _____

ENRICHMENT, UNIT 1   NAME_____

II. Letras mezcladas (Word scramble):

Unscramble the following words and expressions of greeting, health and leave-taking.

1. A O H L ¡_ _ _ _!
2. L Q T E U A ¿_ _ _ _ _ _?
3. O F R E N Y E O T E S M _ _ _ _ _ _ _ _ _ _ _ _.
4. Y O T B E N I E S _ _ _ _ _ _ _ _ _.
5. U R L A E G R _ _ _ _ _ _ _.
6. S N O A D A C T Y O S E _ _ _ _ _ _ _ _ _ _ _ _ _.
7. N U M Y E B I _ _ _ _ _ _ _.
8. S E O L A H U T A G _ _ _ _ _ _ _ _ _ _ _.
9. S O A D I _ _ _ _ _.
10. T A S H A N A A M A Ñ _ _ _ _ _ _ _ _ _ _ _ _.

III. El número de teléfono de mi amigo(a) _____ es _____.

Write five complete sentences stating the names of your friends and their telephone numbers **in Spanish words**.

Example: *El número de teléfono de mi amigo Juan es siete-tres-cero-cuatro-ocho-uno-seis.*

1. _____
2. _____
3. _____
4. _____
5. _____

ENRICHMENT, UNIT 1   NAME_____

IV: El juego de "Squares"   (The game of Squares)

General rules for all square games to be played by two players are as follows. This game is similar to TIC-TAC-TOE. One player uses the circle "0" as his symbol, and the other player uses an "X". The first player selects any square, and first says and then writes the answer. If both players agree that the answer is correct, player #1 places his symbol in that box. Player #2 then has a turn. If an incorrect answer is given, it must be erased or crossed out, and the box remains open. The first player to get 3 symbols horizontally, vertically or diagonally is the winner. **Important:** Each player must state the **complete** math problem in Spanish and then answer in Spanish.

1

8+3=	16-4=	15+5=
16-2=	20-9=	7+6=
7+10=	18-13=	12-3=

2

17+2=	20-10=	16-12=
15+3=	19-5=	9+4=
14-5=	2+6=	11+8=

In the boxes below make up your own math problems and then play the game of Squares.

3

4

V. Mi amigo ... (mi amiga ...) tiene ... años.

Write the ages of two of your friends in Spanish words. **Examples:**
  Mi amigo Pablo tiene doce años.
  Mi amiga Dolores tiene dieciséis años.

1. _____

2. _____

ENRICHMENT, UNIT 1   NAME_____

VI. Un viaje (A trip)

You are in charge of planning travel for the representatives of your company that does business in all of the countries of the Caribbean Sea *(Mar Caribe)*, in North America *(América del Norte)* and in Central America *(América Central)*.

A. Write the names of all the Spanish-speaking countries of these regions identified by number in the spaces provided below the map.

B. Your consultants work primarily in the capitals of these countries. Write the name of the capital next to the name of each country *(país)*. Consult any reference work that has maps of these regions.

	País	**Capital**
1.	_____	_____
2.	_____	_____
3.	_____	_____
4.	_____	_____
5.	_____	_____
6.	_____	_____
7.	_____	_____
8.	_____	_____
9.	_____	_____
10.	_____	_____

ENRICHMENT, UNIT 1   NAME_____

VII. Una conversación incompleta (An incomplete conversation)

A conversation between two young people who are meeting for the first time has been recorded. However, the tape recorder did not work very well and parts of their conversation have been left out. Your task is to fill in the missing words or expressions to make the conversation complete.

1. **Carlos:** ¡Hola! ¿_____ tal?
2. **Pedro:** Estoy _____ bien. ¿Y _____?
3. **Carlos:** _____ también.
4. **Pedro:** ¿Cómo _____ llamas?
5. **Carlos:** _____ llamo Carlos. ¿_____ tú?
6. **Pedro:** _____ llamo _____.
7. **Carlos:** ¿_____ años tienes?
8. **Pedro:** _____ catorce años. ¿_____ dónde eres?
9. **Carlos:** _____ de Panamá. ¿Cuál es _____ número _____ teléfono?
10. **Pedro:** Mi número es 852-3049.
11. **Carlos:** _____ luego, Pedro.
12. **Pedro:** _____, Carlos.

VIII: El primer encuentro (The first meeting)

A new student has just arrived from El Salvador. Follow the cues in numbers 1–7 to give or obtain information. Partners take turns playing each role. Use appropriate gender.

1. Greet him
2. Ask him how he is
3. Introduce yourself
4. Ask him his name
5. Ask him where he is from
6. Ask him how old he is
7. Ask him his telephone number

SITUACIONES ORALES, UNIT 1   NAME_____

A. **Function:** Socializing
Roles: I am a new student in your class.
Purpose: You want to get to know me. You will begin.

1. **Tú:** _____

   Alumno(a): Estoy regular.

2. **Tú:** _____

   Alumno(a): Me llamo José (Ana) Rivera.

3. **Tú:** _____

   Alumno(a): Tengo quince años.

4. **Tú:** _____

   Alumno(a): Soy de Puerto Rico.

5. **Tú:** _____

   Alumno(a): Adiós. Hasta mañana.

B. **Function:** Providing and obtaining information
Roles: I am a teenager whom you meet in the Dominican Republic.
Purpose: I want to get to know you. I will begin.

1. **(Un)una joven:** ¿Cómo te llamas?

   Tú: _____

2. **(Un)una joven:** ¿De dónde eres?

   Tú: _____

3. **(Un)una joven:** ¿Cuántos años tienes?

   Tú: _____

4. **(Un)una joven:** ¿Cuál es tu número de teléfono?

   Tú: _____

5. **(Un)una joven:** Hasta luego.

   Tú: _____

During this activity pairs of students will work together. To reach the goal of oral proficiency, each *situación oral* can be done twice with partners changing roles.

CORRECTIVE, UNIT 2   NAME_____

I. Topic: *Las fechas*

A. FIRST STUDY the *Práctica oral* of Aim Ia, pages 25–29 (the numbers 21–31 and the months of the year) and review numbers 1–20, Unit 1, pages 14 and 18.

B. Read the following dates aloud in Spanish and then write each one in English:

1. el siete de octubre _____
2. el treinta y uno de enero _____
3. el dieciocho de julio _____
4. el once de marzo _____
5. el veintidós de agosto _____
6. el dieciséis de septiembre _____
7. el trece de mayo _____
8. el primero de diciembre _____

C. Write the following dates in Spanish words:

1. February 12 _____
2. June 30 _____
3. November 8 _____
4. January 21 _____
5. October 19 _____
6. July 1 _____
7. May 14 _____
8. December 4 _____
9. March 31 _____
10. August 15 _____

D. Your teacher or peer partner will state six dates in Spanish. After the second repetition, write each date in English.

1. _____   4. _____
2. _____   5. _____
3. _____   6. _____

E. Answer the following question with a complete sentence in Spanish.

¿Cuál es la fecha de hoy? _____

CORRECTIVE, UNIT 2   NAME_____

II. Topic: *Los años del siglo veinte*

A. FIRST STUDY numbers 1–30 (refer to Part I of this Corrective). Then study numbers 40–90, Aim II, pages 31–32.

B. Study the **Práctica oral 2** of Aim II, pages 31–32.

C. Write the following years of the 20th century in Spanish words.
   Example: 1922 — *mil novecientos veintidós*

1. 1918 _____
2. 1947 _____
3. 1969 _____
4. 1996 _____
5. 1975 _____
6. 1913 _____
7. 1932 _____
8. 1983 _____
9. 1954 _____
10. 1921 _____

D. Your teacher or peer partner will state six years of the 20th century. After the second repetition, write each year in Arabic numbers.

   1. _____   2. _____   3. _____   4. _____   5. _____   6. _____

13

CORRECTIVE, UNIT 2   NAME_____

III. Topic: ¿Cómo es él? / ¿Cómo es ella?

A. FIRST STUDY Aim IV, pages 35–38 and the *Vocabulario,* page 39.
B. Identify the principal characteristic of each of the following people.

1. _____   11. _____
2. _____   12. _____
3. _____   13. _____
4. _____   14. _____
5. _____   15. _____
6. _____   16. _____
7. _____   17. _____
8. _____   18. _____
9. _____   19. _____
10. _____   20. _____

C. Your teacher or peer partner will state seven characteristics of people. After the second repetition, choose the picture which represents what you hear. Write only the number.

1. _____   2. _____   3. _____   4. _____   5. _____   6. _____   7. _____

CORRECTIVE, UNIT 2   NAME_____

IV. Topic: *¿Qué le gusta hacer a él? / ¿Qué le gusta hacer a ella?*

A. FIRST STUDY Aim V, *Práctica oral 1*, pages 40–41, *Práctica oral 2*, page 41, and the *Vocabulario*, page 45.

B. Write whether you like or don't like to do the activity represented by each picture in a complete sentence in Spanish.

    Example: 1. *Me gusta viajar.* or *No me gusta viajar.*

1. _____
2. _____
3. _____
4. _____
5. _____
6. _____
7. _____
8. _____
9. _____
10. _____
11. _____
12. _____
13. _____
14. _____
15. _____

C. Your teacher or peer partner will state seven activities that a person likes to do. After the second repetition, choose the picture that represents what you hear. Write the number.

1. ____ 2. ____ 3. ____ 4. ____ 5. ____ 6. ____ 7. ____

CORRECTIVE, UNIT 2   NAME_____

V. Topic: ¿Quién eres tú?

A. FIRST STUDY Aim Ib, page 29, Aim II, pages 31–32, Aim III, pages 33–34, Aim IV, pages 35, 38 and Aim V, pages 40–41, 45.

B. Then write the appropriate questions which were asked by Juan after reading the responses of Rosa.

1. **Juan:** ¡Hola! ¿_____?
   Rosa: Estoy muy bien.

2. **Juan:** ¿_____?
   Rosa: Me llamo Rosa.

3. **Juan:** ¿_____?
   Rosa: Tengo quince años.

4. **Juan:** ¿_____?
   Rosa: Mi cumpleaños es el once de enero.

5. **Juan:** ¿_____?
   Rosa: Nací en 1975.

6. **Juan:** ¿_____?
   Rosa: Vivo en la ciudad de Nueva York, en Brooklyn.

7. **Juan:** ¿_____?
   Rosa: Mi número de teléfono es 765-2948.

8. **Juan:** ¿_____?
   Rosa: Soy simpática, baja, atlética y delgada.

9. **Juan:** ¿_____?
   Rosa: Me gusta nadar, jugar al tenis, cocinar y escuchar la radio.

C. Answer the following questions with a complete sentence in Spanish.

1. ¿Qué tal? _____
2. ¿Cómo te llamas? _____
3. ¿Cuántos años tienes? _____
4. ¿Cuándo es tu cumpleaños? _____
5. ¿En qué año naciste? _____
6. ¿Cuál es tu número de teléfono? _____
7. ¿Dónde vives? _____
8. ¿Cómo eres? (5) _____
9. ¿Qué te gusta hacer? (5) _____
_____

D. Your teacher or peer partner will ask you four questions of personal identification. Answer each with a complete sentence.

1. _____
2. _____
3. _____
4. _____

ENRICHMENT, UNIT 2   NAME_____

I. Los días de fiesta nacional de México

Write the dates in Spanish of the following Mexican national holidays.

1. Día de Año Nuevo *(New Year's Day)*

   January 1 _____

2. Día de la Constitución
       (Constitution Day)

   February 5 _____

3. Día de la Bandera *(Flag Day)*

   February 24 _____

4. Natalicio de Benito Juárez
       (Birthday of Benito Juarez)

   March 21 _____

5. Semana Santa *(Easter)*
   Date varies

   _____

6. Día del Trabajo *(Labor Day)*

   May 1 _____

7. La Batalla de Puebla *(Battle of Puebla)*

   May 5 _____

8. Día de las Madres *(Mother's Day)*

   May 10 _____

9. Día del Informe Nacional
       (President's State of the Union Message)

   September 1 _____

10. Día de la Independencia *(Independence Day)*

    September 16 _____

11. Día de la Raza *(Columbus Day)*

    October 12 _____

12. Día de la Revolución *(Revolution Day)*

    November 20 _____

13. La Navidad *(Christmas)*

    December 25 _____

II. Los días de fiesta nacional de los Estados Unidos

Write the names (in English) of five holidays in the United States **not** celebrated in Mexico. Write the dates in Spanish.

1. Martin Luther King's Birthday   _____
2. _____   _____
3. _____   _____
4. _____   _____
5. _____   _____

17

ENRICHMENT, UNIT 2 NAME_____

III. El cumpleaños de mi amigo(a) es el ... de ...

Write the birthdays of three of your friends. *Examples:*

El cumpleaños de mi amigo José es el primero de diciembre.
El cumpleaños de mi amiga María es el trece de agosto.

1. _____
2. _____
3. _____

IV. Sumar y restar en español (Adding and subtracting in Spanish)

Write in Spanish words the following math problems and the answer to each problem.

1. 36 + 27 = _____
2. 91 - 12 = _____
3. 14 + 42 = _____
4. 88 - 75 = _____
5. 55 + 15 = _____

V. Buscapalabras

Find the infinitive (the dictionary form) of the verb which we use after the expressions *Me gusta ...* and *No me gusta....* First write each infinitive in Spanish in the blank and then circle each one that you find.

to dance _____
to sing _____
to travel _____
to buy _____
to swim _____
to walk _____
to work _____
to rest _____
to cook _____
to play (the guitar) _____
to play (baseball) _____
to listen to (the radio) _____
to speak (on the telephone) _____
to look at (television) _____

```
O R A H C U C S E P U A V O B N I
S O P A T I X U B A Y I R A A C E
U Y E D A R A S N A C S E D O J T
Z A S U A B E T I F I G A M U O R
E C U C I P A Q E S A R U G E G A
A H O J E L M V O P E T A V O C B
U T E M A F H I A K O R M O E A A
R A Q U P E V A R A W E A Y I O J
A D O F E R I J M A S O P L A Z A
N U X O A P A A S E R T A I B O R
I F U T A B I R E V O R U L Y A I
M O N A R I D U G I J E S U I O H
A A H E V O W U N E B A C I K U P
C O R I S U C O C I N A R I Y E A
```

18

ENRICHMENT, UNIT 2   NAME_____

VI: El candidato

You are a candidate for political office. There are so many Spanish-speaking voters that you find it advisable to campaign in Spanish as well as in English. Describe your personal, physical and psychological characteristics for the Hispanic voters. State a minimum of 15 adjectives in Spanish that describe you. **Note:** five of them must be words that do **not** appear in this unit. Look them up in a dictionary. *Soy ...*

1. _____
2. _____
3. _____
4. _____
5. _____
6. _____
7. _____
8. _____
9. _____
10. _____
11. _____
12. _____
13. _____
14. _____
15. _____

VII: El juego de "Squares" (The game of Squares)

General rules for all square games to be played by two players are as follows. This game is similar to TIC-TAC-TOE. One player uses the circle "O" as his/her symbol, and the other player uses an "X." The first player selects any square, and first says and then writes in Spanish whether s/he likes or does not like to do the activity in the box chosen. If both players agree that the statement is correct, player #1 places his/her symbol in the box chosen. Player #2 then has a turn. If an incorrect statement is given, it must be erased or crossed out, and the box remains open. The first player to get three symbols horizontally, vertically or diagonally is the winner. **Important:** Each player must give the statement in a complete sentence in Spanish.

1

2

ENRICHMENT, UNIT 2   NAME_____

VIII. Lo que sé de Ana   (What I know about Ann)

The following information was told to you about Ann. Rewrite this information **as if Ann were telling you about herself.**

1. Se llama Ana.   Me llamo Ana. _____
2. Tiene quince años.   _____
3. Su cumpleaños es el 1 de agosto.   _____
                                         _____
4. Nació el 1 de agosto de 1983.   _____
                                         _____
5. Es de Nicaragua.   _____
6. Vive en Miami, Florida.   _____
7. Le gusta nadar y bailar.   _____
8. Es baja, delgada y buena.   _____

IX. Soy o no soy ...   (I am or I am not ...)

A. Before each characteristic listed indicate whether you possess that characteristic *(Soy...)* or not *(No soy...)*. When two forms of the characteristic are listed, be sure to answer using the appropriate one according to your gender (male or female).

1. _____ honesto.   8. _____ expresivo.   15. _____ activo.
   _____ honesta.   _____ expresiva.   _____ activa.
2. _____ romántico.   9. _____ creativo.   16. _____ tímido.
   _____ romántica.   _____ creativa.   _____ tímida.
3. _____ espontáneo.   10. _____ agresivo.   17. _____ organizado.
   _____ espontánea.   _____ agresiva.   _____ organizada.
4. _____ dinámico.   11. _____ ambicioso.   18. _____ aventurero.
   _____ dinámica.   _____ ambiciosa.   _____ aventurera.
5. _____ responsable.   12. _____ optimista.   19. _____ pesimista.
6. _____ independiente.   13. _____ persistente.   20. _____ idealista.
7. _____ paciente.   14. _____ arrogante.

You know the meaning of many of these words because of their similarity to English. These words are called **cognates**. Cognates are words which due to their common origin look alike, have the same meaning and often sound alike in two languages.

ENRICHMENT, UNIT 2   NAME _____

B. Studying a second language which has cognates with English can help us increase our vocabulary in both languages. Write the English meaning of five of the words in Part A. Write both the Spanish word and its English meaning.

1. _____
2. _____
3. _____
4. _____
5. _____

C. Look up in the dictionary the meaning of any five words from Part A whose meaning you do not know or are not sure of. Write both the Spanish word and its English meaning.

1. _____
2. _____
3. _____
4. _____
5. _____

Una nota a un(a) compañero de clase

D. Write a note to a Spanish-speaking peer in one of your classes whom you would like to get to know. Tell your classmate about yourself and then ask him/her some questions. Your note should include a minimum of ten sentences about yourself and three questions to ask him/her. When writing about yourself, include some of the descriptive adjectives listed on the previous page. For additional help, see text page 46.

Querido(a) amigo(a) _____:

_____
_____
_____
_____
_____
_____
_____
_____

Un abrazo,

_____

ENRICHMENT, UNIT 2   NAME_____

X. El bingo humano

To prepare for this activity each student will write his/her first and last name on a 3 x 5 card or on any other small piece of paper which your teacher will give to you. These papers will then be collected and placed into a hat or box to be selected later.

Next, each student will make a Bingo card (blank boxes) with the number of boxes assigned by your teacher. When your teacher gives the signal to begin *("Comiencen")*, you will speak to as many classmates as there are boxes. You will introduce yourself to each classmate and then find out his/her name by asking the appropriate question in Spanish. Be sure to write down each person's name in a box (one name in each box).

After the exchange of names with each person, ask one another a question of **personal identification** which you have learned in Units 1 and 2. Take advantage of this opportunity to practice all of the questions. If two classmates are talking to one another, find someone who is also looking for a partner. You can raise your hand to indicate this to someone in the same situation. You may take your seat again only after having completed all the boxes with the names of your classmates with whom you have spoken.

You're now ready to play *El bingo humano*. Your teacher will ask individual students, one at a time, to draw a paper from the hat or box and call out the name. As each name is called out, each student will examine his/her card to see if he/she has the name and if so, he/she will circle it. The first student(s) to get "Bingo", any straight line of circles diagonally, vertically, horizontally or the whole card (as determined by the teacher) will call out "Bingo" and will receive a prize.

Preguntas de "Identificación personal"

1. ¿Cómo te llamas?
2. ¿De dónde eres?
3. ¿Cuántos años tienes?
4. ¿Cuándo es tu cumpleaños?
5. ¿En qué año naciste?
6. ¿Dónde vives?
7. ¿Cuál es tu número de teléfono?
8. ¿Qué te gusta hacer en tu tiempo libre? *(3 activities)*
9. ¿Cómo eres? *(3 adjectives)*

SITUACIONES ORALES, UNIT 2   NAME_____

    A. Function: Providing and obtaining information
       Role: I am a Spanish-speaking exchange student in your school.
       Purpose: You are interviewing me for the school paper. You will begin.

1. **Tú:** ¿Cómo te llamas?

    Alumno(a): _____.

2. **Tú:** ¿De dónde eres?

    Alumno(a): _____.

3. **Tú:** ¿Cuántos años tienes?

    Alumno(a): _____.

4. **Tú:** ¿Cómo eres?

    Alumno(a): _____.

5. **Tú:** ¿Qué te gusta hacer?

    Alumno(a): _____.

6. **Tú:** ¿Dónde vives?

    Alumno(a): _____.

7. **Tú:** ¿Cuándo es tu cumpleaños?

    Alumno(a): _____.

    B. Function: Socializing
       Role: I am your friend's parent whom you are meeting for the first time.
       Purpose: Tell me about yourself. You will begin by introducing yourself.

During this activity pairs of students will work together. To reach the goal of oral proficiency, each *situación oral* can be done twice with partners changing roles.

CORRECTIVE, UNIT 3   NAME_____

I. Topic: ¿Qué tiempo hace?

A. FIRST STUDY the weather expressions, Aim Ib, pages 51–55 and the temperatures, Aim Ia, pages 49–50. Then write the weather condition represented by each of the following pictures in the blanks provided.

A.   B.   C.   D.

E.   F.   G.   H.

A. _____   E. _____

B. _____   F. _____

C. _____   G. _____

D. _____   H. _____

B. Answer the following questions about weather and temperature.

1. ¿Cuál es la temperatura? (Write in Spanish words.)

   a. 56° _____   c. 48° _____

   b. 27° _____   d. 39° _____

2. ¿Qué tiempo hace hoy? _____

II. Topic: Saludos

Study greetings, Aim IV, pages 63-65 ("Note," page 65). How would you greet an adult or stranger at these times?

1. at 9:30 p.m.? _____   3. at 7:15 a.m.? _____

2. at 4:00 p.m.? _____   4. at 6:20 p.m.? _____

CORRECTIVE, UNIT 3   NAME_____

III. Topic: ¿Qué le gusta hacer a ...?

A. FIRST STUDY the ten activities which a person might like or not like to do, Aim V, pages 66–69.

B. Write whether you like or don't like to do each of the activities represented by each picture below.

1. _____
2. _____
3. _____
4. _____
5. _____
6. _____
7. _____
8. _____
9. _____
10. _____

25

CORRECTIVE, UNIT 3   NAME_____

IV. Topic: ¿Quién es Ud.?

A. FIRST STUDY the basic questions of personal identification which you would ask of an adult, Aim VI, pages 71–73.

B. Read the following responses of Mrs. Garcia to Ellen's questions. Now write the questions that Ellen asked. What must be written before and after a Spanish question?

1. **Elena:** _____

   Sra. García: Me llamo Mercedes Vega de García.

2. **Elena:** _____

   Sra. García: Soy de Chile.

3. **Elena:** _____

   Sra. García: Vivo en Los Ángeles, California.

4. **Elena:** _____

   Sra. García: Tengo treinta y tres años.

5. **Elena:** _____

   Sra. García: Mi cumpleaños es el once de enero.

6. **Elena:** _____

   Sra. García: Nací en 1957.

7. **Elena:** _____

   Sra. García: Mi número de teléfono es 942-8107.

8. **Elena:** _____

   Sra. García: En mi tiempo libre me gusta leer, ir al cine, bailar, escribir cartas y jugar al tenis.

C. Answer all the questions (1–8) that you have just written as if you had been asked them.

1. _____
2. _____
3. _____
4. _____
5. _____
6. _____
7. _____
8. _____

CORRECTIVE, UNIT 3   NAME_____

V. Topic: *Un diálogo entre ... y ....*

A. Study the greetings and read the dialogues of Aim IV, *Práctica oral* page 63. Next read the *Nota cultural* page 65 and study the *Vocabulario* on the same page.

B. Fill in each blank with an appropriate expression from the choices given.

Buenos días. / Estoy muy cansada. / ¿Y Ud.? / Hasta luego.

Buenas noches. / Estoy muy cansado. / ¿Y tú?

(It is 3:00 p.m.)

Carmen: ¿Cómo está Ud.?, Sr. Ramos.

Sr. Ramos: _____ . ¿_____?

Carmen: Estoy un poco enferma.

Sr. Ramos: _____, Carmen.

Carmen: Adiós, Sr. Ramos.

VI. Topic: *Las estaciones*

A. Study the seasons of the year, Aim II, pages 56–59 including *Práctica oral 2,* page 57. Then answer the following questions.

1. ¿Qué tiempo hace en el verano? _____
2. ¿Qué tiempo hace en el otoño? _____
3. ¿Qué tiempo hace en el invierno? _____
4. ¿Qué tiempo hace en la primavera? _____
5. ¿Cuál es tu estación favorita? ¿Por qué? _____
_____

CORRECTIVE, UNIT 3   NAME_____

VII. Topic: *¿Dónde se habla español?*

    A. FIRST STUDY the name and location of each Spanish-speaking country in South America, Aim III, pages 60–62.

    B. Write the name of each country next to the number to which it corresponds on the following map of South America.

América del Sur

Se habla español en:

1. _____

2. _____

3. _____

4. _____

5. _____

6. _____

7. _____

8. _____

9. _____

28

ENRICHMENT, UNIT 3   NAME_____

I. Letras mezcladas (Word scramble)

Unscramble the following letters to form weather expressions.

1. ECAH   LOACR   _ _ _ _   _ _ _ _ _
2. TESA   OBULNAD   _ _ _ _   _ _ _ _ _ _ _
3. HCAE   IROF   _ _ _ _   _ _ _ _
4. ATSE   OLOVLNIDE   _ _ _ _   _ _ _ _ _ _ _ _ _
5. EACH   EOITNV   _ _ _ _   _ _ _ _ _ _
6. STEA   OVANNED   _ _ _ _   _ _ _ _ _ _ _
7. HCEA   LOS   _ _ _ _   _ _ _
8. CHEA   RCSEFO   _ _ _ _   _ _ _ _ _ _
9. HAEC   ALM POTEMI _ _ _ _   _ _ _ _ _ _ _ _ _

II. Mi estación favorita

1. ¿Cuál es tu estación favorita?_____.

2. ¿Cuáles son los meses de tu estación favorita?

   Los meses del (de la) _____ son _____ , _____ y _____.

3. ¿Qué tiempo hace en tu estación favorita?

   En _____ hace _____ y hace _____.

4. ¿Qué te gusta hacer en tu estación favorita? (tres actividades)
   _____
   _____

III. ¿Qué tiempo hace en Barcelona, España durante el año?

Many American tourists visit Spain during the year and quite often include Barcelona, the second largest city of Spain, on their itinerary. Will you be able to understand the weather report? Since the temperature is given in Centigrade, follow the simple formula given to find out the approximate equivalent Fahrenheit temperatures during the year. To find Fahrenheit, when given the Centigrade temperature, double the Centigrade temperature and add 30.

Example: For the month of January: 2 x 13 = 26 + 30 = 56

	Jan	Feb	Mar	Apr	May	June	July	Aug	Sept	Oct	Nov	Dec
C	13	14	16	18	22	25	27	28	26	22	17	14
F	56	__	__	__	__	__	__	__	__	__	__	__

ENRICHMENT, UNIT 3   NAME_____

IV. Squares

This game is similar to TIC-TAC-TOE. One player uses the circle "0" as his/her symbol, and the other uses the "X." Each player first **states** and then **writes** whether s/he likes or dislikes the activity in the box chosen. Players take turns.

Game #1

Game #2

ENRICHMENT, UNIT 3   NAME_____

V. Juego de descubrimiento

Choose five activities you **like to do** from the list below and use each in a complete sentence. Refer to text, page 70.

1. _____
2. _____
3. _____
4. _____
5. _____

Sí or *No* answers to be recorded before each activity according to your partner's answers:

_____ ir a la playa	_____ jugar al béisbol	_____ jugar al fútbol americano
_____ viajar	_____ ir al cine	_____ cantar
_____ leer el periódico	_____ tocar la guitarra	_____ ir a las fiestas
_____ escuchar la radio	_____ mirar la televisión	_____ hablar por teléfono
_____ nadar	_____ comer	_____ comprar la comida
_____ hacer ejercicio	_____ trabajar	_____ bailar
_____ caminar	_____ escribir cartas	_____ descansar
_____ dormir	_____ salir con un amigo (o con una amiga)	_____ correr
_____ cocinar		

ENRICHMENT, UNIT 3   NAME_____

VI. Un viaje a la América del Sur

You have just won a trip to all the Spanish-speaking countries of South America.

A. Identify each Spanish-speaking country of South America indicated by a number on the map below. Write the name of each country in its appropriate place in the column labeled *país*.

B. Your airplane will land in the capital of each country. Write the name of each capital next to the appropriate number in the column labeled *capital*. You may consult an atlas, globe or a map in the encyclopedia.

Se habla español en:

País

1. _____
2. _____
3. _____
4. _____
5. _____
6. _____
7. _____
8. _____
9. _____

Capital

1. _____
2. _____
3. _____
4. _____
5. _____
6. _____
7. _____
8. _____
9. _____

ENRICHMENT, UNIT 3   NAME_____

VII. La moneda de los países de habla española

Although they have a common language, the Spanish-speaking countries are different in many ways. One difference is their national currencies (money).

A. Write each Hispanic country which is listed in the New York Times Business Section under the heading "Foreign Exchange".

B. Write the name of each currency listed in parentheses after the name of its country.

C. Write the amount of currency you could have bought with each dollar had you gone to the bank on July 8, 1998.

FOREIGN EXCHANGE
WEDNESDAY, JULY 8, 1998

Currency	Foreign Currency in Dollars Wed.	Tue.	Dollars in Foreign Currency Wed.	Tue.
f-Argent (Peso)	1.0001	1.0001	.9999	.9999
Australia (Dollar)	.6165	.6195	1.6221	1.6142
Austria (Schilling)	.0782	.0783	12.782	12.770
c-Belgium (Franc)	.0267	.0267	37.49	37.43
Brazil (Real)	.8633	.8658	1.1584	1.1550
Britain (Pound)	1.6367	1.6375	.6110	.6107
30-day fwd	1.6666	1.6348	.6000	.6117
60-day fwd	1.6637	1.6321	.6011	.6127
90-day fwd	1.6606	1.6291	.6022	.6138
Canada (Dollar)	.6797	.6789	1.4713	1.4729
30-day fwd	.6798	.6802	1.4711	1.4702
60-day fwd	.6801	.6805	1.4703	1.4694
90-day fwd	.6805	.6809	1.4695	1.4686
y-Chile (Peso)	.002153	.002160	464.50	463.00
China (Yuan)	.1208	.1208	8.2795	8.2798
Colombia (Peso)	.000736	.000742	1357.78	1348.06
c-CzechRep (Koruna)	.0305	.0308	32.84	32.42
Denmark (Krone)	.1444	.1446	6.9250	6.9165
Dominican (Peso)	.0669	.0669	14.95	14.95
ECU (ECU)	1.08970	1.09170	.9177	.9160
z-Ecudr (Sucre)	.000190	.000190	5265.00	5265.00
d-Egypt (Pound)	.2946	.2946	3.3950	3.3950
Finland (Mark)	.1810	.1815	5.5243	5.5110
France (Franc)	.1641	.1644	6.0954	6.0816
Germany (Mark)	.5501	.5511	1.8180	1.8145
30-day fwd	.5586	.5525	1.7903	1.8100
60-day fwd	.5596	.5535	1.7870	1.8068
90-day fwd	.5607	.5544	1.7836	1.8037
Greece (Drachma)	.003295	.003298	303.45	303.20
Hong Kong (Dollar)	.1291	.1291	7.7475	7.7475
Hungary (Forint)	.0046	.0046	219.49	219.41
y-India (Rupee)	.0235	.0236	42.550	42.430
Indnsia (Rupiah)	.000066	.000068	15200.00	14800.00
y-Iran (Rial)	.000333	.000333	3000.00	3000.00
Ireland (Punt)	1.3823	1.3860	.7234	.7215
Israel (Shekel)	.2725	.2723	3.6692	3.6729
Italy (Lira)	.000558	.000560	1791.90	1787.20
Japan (Yen)	.007180	.007207	139.27	138.75
30-day fwd	.007382	.007246	135.46	138.00
60-day fwd	.007362	.007279	135.84	137.39
90-day fwd	.007397	.007310	135.19	136.79
Jordan (Dinar)	1.4134	1.4134	.70750	.70750
Lebanon (Pound)	.000660	.000660	1515.75	1516.00
Malaysia (Ringgit)	.2392	.2415	4.1805	4.1403
z-Mexico (Peso)	.112259	.111970	8.9080	8.9310
Nethrlnd (Guilder)	.4881	.4887	2.0488	2.0461
N. Zealand (Dollar)	.5163	.5200	1.9369	1.9231
Norway (Krone)	.1297	.1297	7.7088	7.7075
Pakistan (Rupee)	.0219	.0219	45.74	45.59
y-Peru (New Sol)	.3435	.3432	2.911	2.914
z-Philpins (Peso)	.0241	.0242	41.42	41.36
Poland (Zloty)	.2874	.2874	3.48	3.48
Portugal (Escudo)	.005379	.005391	185.90	185.51
a-Russia (Ruble)	.1611	.1611	6.2090	6.2090
Saudi Arab (Riyal)	.2666	.2666	3.7507	3.7508
Singapore (Dollar)	.5863	.5905	1.7055	1.6935
SlovakRep (Koruna)	.0285	.0285	35.04	35.06
So. Africa (Rand)	.1627	.1591	6.1455	6.2850
So. Korea (Won)	.000751	.000744	1332.00	1343.50
Spain (Peseta)	.006485	.006498	154.20	153.90
Sweden (Krona)	.1239	.1240	8.0689	8.0651
Switzerlnd (Franc)	.6543	.6550	1.5283	1.5267
30-day fwd	.6704	.6576	1.4917	1.5207
60-day fwd	.6724	.6596	1.4871	1.5161
90-day fwd	.6747	.6615	1.4821	1.5117
Taiwan (Dollar)	.0291	.0291	34.35	34.34
Thailand (Baht)	.02427	.02415	41.21	41.41
Turkey (Lira)	.000004	.000004	267665.00	267075.00
U.A.E. (Dirham)	.2724	.2724	3.6710	3.6710
f-Uruguay (New Peso)	.0952	.0972	10.5050	10.2850
Venzuel (Bolivar)	.0018	.0018	554.6200	553.2500

ECU: European Currency Unit, a basket of European currencies.
The Federal Reserve Boards's index of the value of the dollar against 10 other currencies weighted on the basis of trade was 101.90 Wednesday, up 0.22 points or 0.22 percent from Tuesday's 101.68. A year ago the index was 95.88

a-Russian Central Bank rate.
c-commercial rate, d-free market rate, f-financial rate, y official rate, z-floating rate.
Prices as of 3:00 p.m. Eastern Time from Bridge Information Systems and other sources.

	País	Moneda	Units of currency per dollar
1.	Argentina	Peso	.9999
2.	_____	_____	_____
3.	_____	_____	_____
4.	_____	_____	_____
5.	_____	_____	_____
6.	_____	_____	_____
7.	_____	_____	_____
8.	_____	_____	_____
9.	_____	_____	_____
10.	_____	_____	_____

ENRICHMENT, UNIT III   NAME_____

VIII. Una entrevista (An interview)

In the following interview Mr. Smith was applying for a job with the United States Government, requiring a knowledge of Spanish. You are asked to listen to a tape of that interview. However, the interviewer's questions were not recorded clearly on the tape. Write a transcript of the interview filling in the missing questions.

1. **Sra. Ramos:** ¿_____?
   Sr. Smith: Estoy muy bien, gracias.

2. **Sra. Ramos:** ¿_____?
   Sr. Smith: Me llamo Robert Smith.

3. **Sra. Ramos:** ¿_____?
   Sr. Smith: Soy de los Estados Unidos, del estado de la Florida.

4. **Sra. Ramos:** ¿_____?
   Sr. Smith: Tengo veintiocho años.

5. **Sra. Ramos:** ¿_____?
   Sr. Smith: Vivo en la ciudad de San Antonio, Texas.

6. **Sra. Ramos:** ¿_____?
   Sr. Smith: Mi número de teléfono es 867-9403.

7. **Sra. Ramos:** ¿_____?
   Sr. Smith: En mi tiempo libre me gusta leer novelas, escribir poesía, hacer ejercicio y viajar a países donde se habla español.

8. **Sra. Ramos:** ¿_____?
   Sr. Smith: Me gusta viajar en el verano.

9. **Sra. Ramos:** ¿_____?
   Sr. Smith: Mi país favorito es Argentina.

10. **Sra. Ramos:** ¿_____?
    Sr. Smith: Porque los argentinos son simpáticos, Buenos Aires es una ciudad muy bonita y me gusta comer carne.

11. **Sra. Ramos:** ¿_____?
    Sr. Smith: Sí, me gusta mucho leer periódicos. Yo leo periódicos en inglés y en español.

12. **Sra. Ramos:** Sr. Smith, Ud. habla muy bien el español. El trabajo es suyo.
    Sr. Smith: Muchas gracias, Sra. Ramos.

ENRICHMENT, UNIT NAME_____

IX. Encuentre a la persona ... (Find the person ...)

You are going to interview several "strangers" in the class to find out information of personal identification. The goal of this activity is to see who can get the most questions answered on this interview sheet. You will have about fifteen minutes. **Speak to only one person at a time**. Ask each person a specific question such as *"¿Vive Ud. cerca de la escuela?"* The person addressed must answer in a complete sentence: *"Vivo cerca de la escuela."* or *"No vivo cerca de la escuela."* When you get a "yes" answer write the person's name in the space provided and move on to another person. Use a person's name only once and find one person for each question on the sheet.

Encuentre a la persona ...

1. ...que vive **cerca de** la escuela. _____
2. ...que le gusta cocinar. _____
3. ...que no es de los Estados Unidos. _____
4. ...que le gusta leer el periódico. _____
5. ...que nació en el mes de agosto. _____
6. ...que no le gusta hablar por teléfono. _____
7. ...que es inteligente, joven y simpático(a). _____
8. ...que no le gusta el invierno. _____
9. ...que está muy cansado(a). _____
10. ...que le gusta tocar la guitarra o el piano. _____

Vocabulario:
cerca de   *near*

X. ¿En qué estación ...?

The most famous painting of El Greco, *El Entierro Del Conde De Orgaz* (The Burial of Count Orgaz) can be found in the city of Toledo, which is south of Spain's capital, Madrid. In what seasons of the year do its visiting hours last until 6:45 p.m.? (Circle the letter(s) for your answer.

A. spring and winter

B. summer and fall

C. spring and summer

D. winter and spring

El Entierro Del Conde De Orgaz
(Greco)
Horario de visita

PRIMAVERA–VERANO	OTOÑO–INVIERNO
de 10 a 1'45	de 10 a 1'45
y	y
de 3'30 a 6'45	y de 3'30 a 5'45

SITUACIONES ORALES, UNIT 3   NAME_____

    A. Function: Expressing feelings
       Role: I am your friend.
       Purpose: We are discussing which time of year is our favorite. I will begin the conversation.

1. **Amigo(a):** ¿Cuál es tu estación favorita?

   Tú: _____.

2. **Amigo(a):** ¿Por qué te gusta ...?

   Tú: _____.

3. **Amigo(a):** ¿Qué tiempo hace en ...?

   Tú: _____.

4. **Amigo(a):** ¿Qué te gusta hacer en ...?

   Tú: _____.

5. **Amigo(a):** ¿Qué estación no te gusta? ¿Por qué?

   Tú: _____.

    B. Function: Socializing
       Role: I am your friend's parent whom you are meeting for the first time.
       Purpose: You want to ask me a few questions to get to know me. You will begin.

1. **Tú:** ¿_____?

   El padre/la madre: Estoy muy bien, gracias.

2. **Tú:** ¿_____?

   El padre/la madre: Me llamo Juan López. / Me llamo Ana Ramos.

3. **Tú:** ¿_____?

   El padre/la madre: Soy de Venezuela.

4. **Tú:** ¿_____?

   El padre/la madre: Vivo en la ciudad de Los Ángeles, en la Calle Alhambra.

5. **Tú:** ¿_____?

   El padre/la madre: En mi tiempo libre me gusta ir a la playa, nadar, leer el periódico y escuchar música.

    C. Function: Providing and obtaining information
       Roles: I am a Mexican businessman who is returning home after a business trip to the United States.
       Purpose: You are taking your vacation in Mexico. We meet on the airplane and you begin the conversation by introducing yourself to me.

CORRECTIVE, UNIT 4   NAME_____

I. Topic: *Los objetos del aula*

A. FIRST STUDY the Spanish names of some basic objects and materials commonly found in the classroom, Aim I, pages 79–82. Then write the name of each object in Spanish next to its corresponding number indicated in the picture on page 81. In each answer write the appropriate indefinite article, *"un"* or *"una,"* before the object given.

Es ...   Es ...   Es ...

1. _____   6. _____   11. _____

2. _____   7. _____   12. _____

3. _____   8. _____   13. _____

4. _____   9. _____   14. _____

5. _____   10. _____   15. _____

B. Study the questions and sample answers on page 80, ***Práctica de conversación A*** and ***B***. Then answer the following questions according to the cues given *(Sí o No)*.

1. ¿Tienes un libro?—Sí, _____

2. ¿Tienes una tiza?—No, _____

3. ¿Me prestas el lápiz?—Sí, _____

4. ¿Me prestas la goma?—No, _____

5. ¿Me prestas el libro?—Lo siento. _____

II. Topic: *¿Qué hace ... en el aula?*

FIRST STUDY what each person usually does in the classroom, Aim IIa, pages 82–84 and the *Vocabulario* on page 86. Then answer each question with a complete sentence. Refer to pages 85–86 for the pictures to be used for this exercise. **Examples:**

(A.) ¿Qué hace Roberto?   (B.) ¿Qué hace la alumna?
  Él toma un examen.   **Ella habla español.**

C. ¿Qué hace el chico?   H. ¿Qué hace el alumno?

   _____   _____

D. ¿Qué hace la profesora?   I. ¿Qué hace la chica?

   _____   _____

E. ¿Qué hace Carmen?   J. ¿Qué hace el profesor?

   _____   _____

F. ¿Qué hace la muchacha?   K. ¿Qué hace María?

   _____   _____

G. ¿Qué hace Juan?   L. ¿Qué hace el muchacho?

   _____   _____

CORRECTIVE, UNIT 4   NAME_____

III. Topic: *Los días de la semana*

A. FIRST STUDY the days of the week in Spanish, Aim III, pages 95 and 97. Be able to recite them. Then fill in the blanks with the appropriate day of the week.

"If today is ..., tomorrow is...."

1. Si hoy es lunes, mañana es _____.
2. Si hoy es miércoles, mañana es _____.
3. Si hoy es sábado, mañana es _____.
4. Si hoy es martes, mañana es _____.
5. Si hoy es jueves, mañana es _____.
6. Si hoy es domingo, mañana es _____.
7. Si hoy es viernes, mañana es _____.

B. STUDY page 97, ***Práctica de conversación 2*** and the ***Vocabulario*** on page 98. You will hear four statements about the days of the week. If the statement is true, write ***Cierto***; if the statement is false, write ***Falso***.

1. _____   2. _____   3. _____   4. _____

IV. Topic: *La escuela*

A. 1. FIRST STUDY basic questions about subjects studied, Aim IV, pages 98–101 and the ***Vocabulario*** on page 104–105. Then answer the following questions with a complete sentence in Spanish.

1. ¿Qué estudias en la escuela? _____
   _____

2. ¿Cuál es tu asignatura favorita? _____
   _____

3. ¿Quién es tu profesor(a) de matemáticas? _____
   _____

4. ¿Dónde está tu profesor(a) de matemáticas? _____
   _____

5. ¿Cuántos alumnos hay en tu clase de inglés? _____
   _____

6. ¿Cómo es tu clase de inglés? _____
   _____

7. ¿Cuándo es tu examen de español? _____
   _____

8. ¿Por qué te gusta o no te gusta la clase de español? _____

CORRECTIVE, UNIT 4   NAME_____

Topic IV: *La escuela* (continued)

2. Your teacher or peer partner will ask you six questions related to the subjects you study. Answer each with a complete sentence in Spanish.

1. _____
2. _____
3. _____
4. _____
5. _____
6. _____

B. Write the Spanish question word for each of the following:

1. Who?   ¿ _____ ?
2. When?   ¿ _____ ?
3. Where? ¿ _____ ?
4. Why?   ¿ _____ ?
5. What?   ¿ _____ ?
6. What? (Which one?)   ¿ _____ ?
7. How many?   ¿ _____ ?
8. What is ... like? (How is...?)   ¿ _____ ?

In the following dialogue Peter asks Ellen a few questions about her classes. Fill in the appropriate question word in each of Peter's questions.

1. **Pedro:** ¿ _____ estudias en la escuela?
   Elena: Yo estudio inglés, español, historia y arte.

2. **Pedro:** ¿ _____ es tu asignatura favorita?
   Elena: Mi asignatura favorita es inglés.

3. **Pedro:** ¿ _____ es tu profesor de inglés?
   Elena: Mi profesora de inglés es la Srta. Johnson.

4. **Pedro:** ¿ _____ es tu clase de inglés?
   Elena: Mi clase de inglés es interesante, buena y difícil.

5. **Pedro:** ¿ _____ alumnos hay en tu clase?
   Elena: Hay treinta y un alumnos en mi clase.

6. **Pedro:** ¿ _____ está tu profesora?
   Elena: Ella está en el aula 315.

7. **Pedro:** ¿ _____ es tu examen?
   Elena: Mi examen es el miércoles que viene.

8. **Pedro:** ¿Te gusta tu clase de español?
   Elena: Sí, me gusta.

9. **Pedro:** ¿ _____ te gusta?
   Elena: Me gusta la clase porque el profesor enseña bien y yo saco buenas notas.

CORRECTIVE, UNIT 4   NAME_____

V. Topic: *Un diálogo entre el señor Gómez y la señorita Soto*

FIRST READ Aim IIb, page 87 *Práctica oral* and Aim IIc, page 89 *Práctica oral*. Then write an appropriate response in each blank in a complete sentence in Spanish.

1. **Sr. Gómez:** Buenos días, Srta. Soto. ¿Cómo está Ud.?

   Srta. Soto: _____ . ¿Y Ud.?

2. **Sr. Gómez:** Estoy un poco cansado hoy.

   ¿Trabaja Ud. mucho **en la universidad**? *(at college)*

   Srta. Soto: Sí, _____ .

3. **Sr. Gómez:** ¿Dónde estudia Ud.?

   Srta. Soto: _____ . *(at the library)*

4. **Sr. Gómez:** ¿Qué hace Ud. después del trabajo?

   Srta. Soto: Después del trabajo yo _____, _____ y _____ .

5. **Sr. Gómez:** Hasta luego, Srta. Soto.

   Srta. Soto: _____ , Sr. Gómez.

VI. Topic: *Resumen gramatical*

A. FIRST STUDY Aim III, page 93 and the *Vocabulario,* page 95. What you have just read is a summary of the grammatical concept of "subject-verb agreement" as it applies to regular -AR verbs of the present tense.

B. Study the following explanation for the same concept:
The **stem** of a verb is found by removing the –ar from the infinitive (the dictionary form of the verb). Find and write the **stem** of each of the following infinitives.

   Example: escuch**ar** - escuch

1. descansar - _____   3. nadar - _____   5. cantar - _____

2. trabajar - _____   4. estudiar - _____   6. caminar - _____

When we use *"ar"* verbs in sentences we **add** endings to the stem. The endings are different for each subject. Review the **singular** subject pronouns and the ending that each one takes. Then, in the spaces at the right of each ending, write the correct form of the infinitive *"bailar."*

Subject Pronouns	*Ending*	*Correct form* (stem + ending)
Yo	o	_____
Tú	as	_____
Ud.	a	_____
Ella, Él	a	_____

CORRECTIVE, UNIT 4   NAME_____

   C. Now add the appropriate ending to each verb (or stem).

1a. **María:** ¿Bail___ tú mucho en las fiestas?

1b. **Pedro:** Sí, yo bail___ mucho en las fiestas.

1c. **María:** ¿Toc___ tú la guitarra también?

1d. **Pedro:** Sí, yo toc___ la guitarra y cant___ también.

2a. **María:** ¿Cocin___ Ud. **para** las fiestas? *(for)*

2b. **Sra. Soto:** Sí, yo cocin___ mucho para las fiestas.

2c. **María**: ¿Dónde compr___ Ud. la comida?

2d. **Sra. Soto:** Yo compr___ la comida en el supermercado.

   D. Add the appropriate endings:

La señora Soto viaj___ a México en el verano. Ella viaj___ con su esposo. El señor Soto nad___ en el océano Pacífico. Él descans___ mucho durante las vacaciones porque trabaj___ mucho en su oficina. Ella camin___ con su esposo en la playa.

   E. Write any appropriate **subject pronoun** in the blanks.

1. _____ cocinas muy bien.
2. _____ hablo poco por teléfono.
3. _____ estudia mucho en casa.
4. _____ trabajo con José.
5. _____ saca buenas notas.
6. _____ contestas muchas preguntas.

   F. Write the correct form of the –AR infinitive in parentheses.

1. (trabajar) María, ¿_____ tú después de las clases?
2. (hablar) Señor García, ¿_____ Ud. mucho por teléfono?
3. (tomar) Roberto _____ muchos exámenes en la escuela.
4. (comprar) Yo _____ la comida en el supermercado.
5. (descansar) La señorita Gómez _____ mucho en la casa después del trabajo.
6. (enseñar) La Srta. Pérez _____ el español muy bien.
7. (tocar) Mi amigo _____ el piano todos los días.
8. (caminar) Sr. Soto, Ud. _____ mucho después del trabajo.
9. (estudiar) Ana, tú _____ en la biblioteca, ¿verdad? *(true?)*
10. (mirar) Carlos _____ la televisión muy poco.

ENRICHMENT, UNIT 4   NAME _____

I. Squares

A. Squares #1: *La escuela.* This game is similar to TIC-TAC-TOE. One player uses the circle "0" as his symbol, and the other player uses the "X". Each player first **states** and then **writes** the appropriate action in the blank. Players take turns.

José _____ el español.	La alumna _____ un examen.	El profesor _____ la lección.
La chica _____ muchas preguntas.	María _____ mucho en casa.	El muchacho _____ una buena nota.
El alumno _____ una mala nota.	La profesora _____ español muy bien.	Carmen _____ pocas preguntas.

B. Squares #2: *El tiempo libre* (Leisure time)

Él no _____ la televisión.	Ella _____ en la discoteca.	¿ _____ Ud. al al tenis?
La señora Vega _____ la comida el lunes.	El señor Pérez _____ en casa después del trabajo.	La señorita García **no** tiene carro; ella _____ a la escuela.
Teresa _____ muy bien el piano.	Carlos no _____ la radio.	Mi amigo _____ en un supermercado después de las clases.

II. ¿Qué haces ...? (What do you do ...?)

Write three activities you do during the following time periods. Mention a minimum of nine different activities.

1. En la escuela yo _____, _____

   y _____.

2. Después de las clases yo _____,

   _____ y _____.

3. Durante el fin de semana *(weekend)* yo _____,

   _____ y _____.

4. Durante las vacaciones *(vacation)* de verano yo _____,

   _____ y _____.

5. Durante las vacaciones de Navidad *(Christmas)* yo _____,

   _____ y _____.

ENRICHMENT, UNIT 4   NAME_____

III. Para comunicarse en una lengua ...

In order to communicate in a language, one needs to be able to carry out one of its principal functions, to obtain information. One of the best ways to obtain information is to employ question words, known formally as interrogative pronouns.

   A. The following is a list of question words. **Write a question you have already learned** for each of the following. Remember what must be written before and after every question in Spanish. Be sure you know the meaning of each of these words. Refer to pages 104–105 *(Vocabulario)* for the meaning of any word whose meaning you are not sure of.

1. ¿Qué...? _____
2. ¿Cuál...? _____
3. ¿Cómo...? _____
4. ¿Dónde...? _____
5. ¿Cuándo...? _____
6. ¿Cuántos...?/¿Cuántas...? _____
7. ¿Quién...? _____
8. ¿Por qué...? _____

   B. Read carefully the following **responses** to the questions asked; then **write the appropriate question word** (refer to **A.** above) which elicited each response in the blank space in each question.

1. ¿_____ años tiene José?
   -Él tiene catorce años.

2. ¿_____ es la profesora?
   -Ella es inteligente y simpática.

3. ¿_____ compra Ana la comida?
   -Ella compra la comida en el supermercado.

4. ¿_____ es tu mejor amigo?
   -Carlos es mi mejor amigo.

5. ¿_____ camina el Sr. Vega?
   -Él camina después del trabajo.

6. ¿_____ cocina Teresa?
   -Ella cocina muy bien.

7. ¿_____ está cansado Juan?
   -Él está cansado porque trabaja mucho.

8. ¿_____ lenguas estudias?
   -Yo estudio italiano y español.

9. ¿_____ es la capital de Argentina?
   -La capital de Argentina es Buenos Aires.

10. ¿_____ viaja Ud. a México?
    -Viajo a México en el verano.

11. ¿_____ nada Ud.?
    -Nado en el Océano Pacífico.

12. ¿ Con _____ bailas mucho?
    -Yo bailo mucho con María.

13. ¿_____ juegas al tenis?
    -Juego al tenis los domingos.

14. ¿_____ te gusta el invierno?
    -Me gusta el invierno porque me gusta la nieve y me encanta esquiar.

ENRICHMENT, UNIT 4   NAME _____

III. (continued)

C. Answer the following questions with a complete sentence in Spanish. Tema: **La escuela**

1. ¿Cuándo estudias? _____

2. ¿Cuántas horas estudias para un examen? _____

3. ¿En qué clases sacas buenas notas? _____

4. ¿En qué clases tienes mucha tarea? _____

5. ¿Cómo enseña tu profesor (o tu profesora) de español? _____

6. ¿Con quién hablas español? _____

7. ¿Dónde tomas muchos exámenes? _____

D. Tema: **Mi tiempo libre** *(My free time)*

1. ¿Cuándo descansas? _____

2. ¿A qué deportes *(sports)* juegas? _____

3. ¿Trabajas después de las clases? ¿Dónde? _____

4. ¿Participas en un club o en un equipo? *(team)* ¿En qué club o equipo participas? _____

5. ¿Qué actividades haces cuando hace buen tiempo? _____

6. ¿Qué actividades haces cuando hace mal tiempo? _____

ENRICHMENT, UNIT 4   NAME_____

IV. Una carta a un amigo (una amiga) por correspondencia

A. You have been given the opportunity to write to a Spanish-speaking penpal. In the **first paragraph** tell him/her the following personal information. Write one sentence for each item.

1. First greet him/her
2. Introduce yourself
3. State where you are from (country)
4. State your age
5. State your birthday
6. State the year in which you were born
7. State where you live (city, etc.)
8. State your telephone number
9. State what you are like (six descriptive adjectives)
10. State five activities that you like to do

B. In the **second paragraph** tell him/her the following information related to school. Write one sentence for each item.

State:
11. what school you attend *("Yo asisto a la escuela secundaria / intermedia* [name])*."*
12. where the school is located
13. if you live near or far from the school (*cerca de* – near; *lejos de* – far)
14. how you travel to school (*en tren*–by train; *en autobús*–by bus; *en coche o en carro* – by car; *caminar* – to walk)
15. all the subjects you are studying in school
16. what classes you have on Monday (in chronological order) and whether you have the same program every day
17. what your favorite class is and why
18. the name of your Spanish teacher
19. how many students there are in your Spanish class
20. what your class is like (two descriptive adjectives)
21. if you take a few or a lot of tests in the class
22. if you get good grades in class
23. when your next (*próximo*) test is
24. if you have a lot of homework in the class
25. if you like your Spanish class (and why or why not)

C. In the **third paragraph** ask him/her five questions related to school and ask him/her what s/he likes to do after school, during the weekend and during the summer vacation. You can end your letter by using the very common farewell, *Un abrazo,* and then sign your name. Write your letter on the following page.

ENRICHMENT, UNIT 4 NAME_____

IV. Una carta a un amigo (una amiga) por correspondencia

_____, _____ de _____ de _____
(ciudad)   (día)   (mes)   (año)

Querido amigo _____,
    o
Querida amiga _____,

_____
_____
_____
_____
_____
_____
_____
_____
_____
_____
_____
_____
_____
_____
_____
_____
_____
_____
_____
_____
_____
_____
_____
_____
_____
_____
_____

ENRICHMENT, UNIT 4   NAME_____

V. Lectura (Reading)

Read the paragraph and then answer each question which follows in a complete sentence in Spanish.

Dos amigos

1   Miguel es un joven de dieciséis años. Él mira mucho la televisión después de las clases.
2   También escucha música en la radio. Siempre cocina la comida porque su madre trabaja
3   por la noche. Después de la comida Miguel habla por teléfono. Todas las noches habla con su
4   amiga Elena. Ella es una joven de quince años. Elena toca la guitarra todas las tardes en casa.
5   Mira muy poco la televisión porque practica la guitarra. También estudia mucho para los
6   exámenes porque quiere sacar buenas notas. Elena trabaja mucho los sábados. Ella ayuda a
7   su madre a comprar la comida en el supermercado y limpia la casa. Los domingos sale con su
8   amigo Miguel.

Vocabulario:

1. un joven (una joven) *a young person, a teenager*
3. por la noche *in the evening*   todas las noches *every evening*   **su** amiga... ***his...***
4. todas las tardes *every afternoon*
6. quiere *she wants*   ayudar *to help*
7. limpiar *to clean*
    salir con *to go out with, to date:* ella sale con...

Comprensión de lectura:

1. ¿Cuántos años tiene Miguel?
   _____

2. ¿Cuándo escucha él música?
   _____

3. ¿Por qué cocina Miguel la comida?
   _____

4. ¿Con quién habla él por teléfono?
   _____

5. ¿Cuántos años tiene su amiga?
   _____

6. ¿Cuándo toca Elena la guitarra?
   _____

7. ¿Por qué estudia ella mucho para los exámenes?
   _____

8. ¿Dónde compran Elena y su madre la comida?
   _____

9. ¿Qué día de la semana limpia Elena la casa?
   _____

ENRICHMENT, UNIT 4   NAME _____

VI. Encuentre a la persona... (Find the person...)

You are going to interview several students in the class to find out information related to school, to after school and to weekend activities. The goal of this activity is to see who can get the most questions answered on this interview sheet. You will have about fifteen minutes. **Speak to only one person at a time.** Ask each person a specific question such as *"¿Trabajas después de las clases?"* The person addressed must answer in a **complete sentence**: *"Después de las clases yo trabajo."* or *"Después de las clases yo no trabajo."* When you get a "yes" answer, write the person's name in the space provided and move on to another person. Use a person's name only once and find one person for each question on the sheet.

Encuentre a la persona...

1. ...que trabaja después de las clases. _____
2. ...que camina a la escuela. _____
3. ...que no le gusta la clase de educación física. _____
4. ...que saca buenas notas en historia. _____
5. ...cuya clase favorita es la ciencia. _____
6. ...que no mira la televisión. _____
7. ...que está en una clase que tiene más de treinta alumnos. _____
8. ...que juega al baloncesto los domingos. _____
9. ...que está en una clase que tiene menos de doce alumnos. _____
10. ...que tiene un examen la semana que viene. _____
11. ...cuya clase de inglés es buena y difícil. _____
12. ...que cocina muy bien. _____
13. ...que toca la guitarra durante el fin de semana. _____

Vocabulario:

5. cuyo(a)   *whose*
7. más de   *more than*
   ¿Estás en una clase que...?   *Are you in a class that...?*
       Estoy en...   *I'm in...*
       No estoy en...   *I'm not in...*
9. menos de   *less than*
13. el fin de semana   *weekend*

SITUACIONES ORALES, UNIT 4   NAME _____

    A. Function: Providing and obtaining information
       Role: I am your parent.
       Purpose: At the start of the school year I want to know about your program.
          I will begin the conversation.

1. **Padre/Madre:** ¿Qué estudias en la escuela este año?

   Tú: _____.

2. **Padre/Madre:** ¿Cuál es tu clase favorita?

   Tú: _____.

3. **Padre/Madre:** ¿Cómo es la clase?

   Tú: _____.

4. **Padre/Madre:** ¿Cuántos alumnos hay en la clase?

   Tú: _____.

5. **Padre/Madre:** ¿En qué clases tienes mucha tarea?

   Tú: _____

6. **Padre/Madre:** ¿En qué clases tienes poca tarea?

   Tú: _____.

    B. Function: Expressing feelings
       Role: I am your friend.
       Purpose: You want to tell me about your favorite class.
          You will begin the conversation.

1. **Tú:** _____.

   Amigo(a): ¿Por qué te gusta la clase?

2. **Tú:** _____.

   Amigo(a): ¿Quién es el profesor (la profesora)?

3. **Tú:** _____.

   Amigo(a): ¿Cómo es el profesor (la profesora)?

4. **Tú:** _____.

   Amigo(a): ¿Qué haces en la clase?

5. **Tú:** _____.

   Amigo(a): Me gusta esa clase también. ¿Cuándo es tu examen en esa *(that)* clase?

6. **Tú:** _____

CORRECTIVE, UNIT 5   NAME _____

I. Topic: *Dos familias españolas*

A. FIRST STUDY the relationships of members of a family, Aim I, and page 120 *(Vocabulario)*. Next study *Práctica oral 3,* pages 114–115 to check that you know how to read a Spanish family tree.

B. Answer the questions which follow this Spanish family tree.

```
        María Ramos de Pérez ------------------------ Roberto Pérez Molina
              (69 años)                                    (76 años)
    _____|_____                  _____|_____
   |                       |                |                             |
Ana Gómez de Pérez --- Juan Pérez Ramos    Rosa Pérez de Santos --- Pablo Santos Vega
    (38 años)              (45 años)           (47 años)                 (53 años)
        |                      |                   |                         |
Carmen Pérez Gómez    Antonio Pérez Gómez    Felipe Santos Pérez    Isabel Santos Pérez
    (21 años)             (15 años)              (24 años)              (16 años)
```

1. **El esposo** de María Ramos se llama _____

2. **La hija** de Roberto Pérez Molina se llama _____

3. **El padre** de Carmen Pérez Gómez se llama _____

4. **La hermana** de Felipe Santos Pérez se llama _____

5. **El abuelo** de Antonio Pérez Gómez se llama _____

6. **La tía** de Isabel Santos Pérez se llama _____

7. **El primo** de Felipe Santos Pérez se llama _____

8. **La sobrina** de Rosa Pérez de Santos se llama _____

9. **Un nieto** de Roberto Pérez Molina se llama _____

10. **Los padres** de Juan Pérez Ramos y Rosa Pérez se llaman _____
_____

C. Make up the next set of relationships using the Spanish family tree above.

11. El hermano de _____ se llama _____

12. La madre de _____ se llama _____

13. El hijo de _____ se llama _____

14. La abuela de _____ se llama _____

CORRECTIVE, UNIT 5   NAME_____

II. Topic: *La familia de ... / ¿Cuántos años tiene...?*

A. FIRST REVIEW numbers 1–99, (Unit 1), page 14, and pages 18, 25 and 31.

B. Write the age **in Spanish words** of each member of the Spanish families in Topic I of this Corrective.

1. María Ramos de Pérez tiene _____ años.
2. Roberto Pérez Molina tiene _____ años.
3. Pablo Santos Vega tiene _____ años.
4. Ana Gómez de Pérez tiene _____ años.
5. Rosa Pérez de Santos tiene _____ años.
6. Antonio Pérez Gómez tiene _____ años.
7. Felipe Santos Pérez tiene _____ años.
8. El hermano de Roberto Pérez Molina tiene _____ _____(81) años.
9. La madre de María Ramos de Pérez tiene _____ (98) años.

C. Your teacher or peer partner will state **the ages** of a few people. After the second repetition, write the age of each person in Arabic numbers.

1. _____   2. _____   3. _____   4. _____   5. _____   6. _____

III. Topic: *Mi familia*

A. FIRST STUDY the basic family questions: Aim II, page 121, Aim III, page 122, Aim IV, page 124, Aim V, page 126, Aim VI, page 128, Aim VII, page 130 and Aim VIII, page 132.

B. The following are answers given by José to the questions asked by his friend Juan. **Write the questions** asked by Juan.

1. **Juan:** ¿_____?
   José: Hay seis personas en mi familia.

2. **Juan:** ¿_____?
   José: Somos mi mamá, mi papá, mis dos hermanas, mi hermano y yo.

3. **Juan:** ¿_____?
   José: Mi hermano se llama Tomás.

4. **Juan:** ¿_____?
   José: Mi padre tiene cuarenta y un años.

5. **Juan:** ¿_____?
   José: Mi madre es baja, delgada, guapa, buena y simpática.

6. **Juan:** ¿_____?
   José: Mi padre es de los Estados Unidos.

CORRECTIVE, UNIT 5   NAME _____

III. (continued)

7. **Juan:** ¿_____?
   José: Mi hermana Ana estudia mucho, juega al tenis, baila mucho, va al cine, hace ejercicio y cocina muy bien.

8. **Juan:** ¿_____?
   José: Mi hermano y yo hablamos mucho, vamos al supermercado, lavamos los platos, jugamos al béisbol, miramos la televisión y tocamos la guitarra.

C. Answer the following questions about your family with a complete sentence in Spanish.

1. ¿Cuántas personas hay en tu familia? _____
2. ¿Quiénes son? _____
3. ¿Cómo se llama tu hermano (o tu hermana) (o tu primo o prima)? _____
   _____
4. ¿Cuántos años tiene tu mamá (o tu papá)? _____
5. ¿Cómo es tu hermana (o tu prima)? _____
6. ¿De dónde es tu abuelo (o tu abuela) (o tu papá)? _____
   _____
7. ¿Qué hace tu mamá (o tu papá)? *(tres actividades):* _____
   _____
8. ¿Qué hacen tú y tu hermano (o tu hermana) (o tu mamá)? *(tres actividades):* _____
   _____

D. Your teacher or peer partner will ask you a few questions about your family. Answer in complete sentences in Spanish.

1. _____
2. _____
3. _____
4. _____
5. _____
6. _____
7. _____

CORRECTIVE, UNIT 5   NAME_____

IV. Topic: *La cultura – La familia española*

    A. FIRST STUDY the Spanish family tree presented on the first page of this workbook unit.

    B. Answer the following questions in English.

1. When Ana Gómez Soto married Juan Pérez Ramos, how did her **last** name change?
   _____

2. When Rosa Pérez Ramos married Pablo Santos Vega, how did her **last** name change?
   _____

   Conclusion: When a woman marries, she drops her second last name and takes on the _____ last name of her _____.

3. How many last names do Carmen, Antonio, Felipe and Isabel have? _____

   From whom did they receive their **first** last name? _____

   From whom did they receive their **second** last name? _____

   Conclusion: Children receive their first last name from their _____ and their second last name from their _____.

4. Elena Mendoza Mora is going to marry Tomás García Peña. What will her complete married name be? _____

5. Two years later she has a baby boy named Roberto. What will be the baby's complete name?
   _____

6. José Morales López married Teresa Cano García. What is Teresa's complete married name?
   _____

7. They had a baby girl named Mercedes. What is the baby's complete name?
   _____

V. Topic: *La familia de ...*

    A. FIRST STUDY the questions in Topic III of this Corrective.

    B. You meet a Spanish-speaking peer at a party who recently arrived from the Dominican Republic. What **questions** would you ask him/her to find out the following about his/her family?

1. How many people there are in his/her family _____
2. The name of his/her sister _____
3. Where his/her grandfather is from _____
4. The age of his/her cousin (female) _____
5. What his/her brother is like _____
6. What his/her mother does _____
7. What he/she and his/her father do _____

CORRECTIVE, UNIT 5   NAME _____

VI. Topic: *Resumen gramatical*

A. FIRST STUDY Aim IX, page 134 (Subject–verb agreement, -AR verbs).

B. Add the appropriate ending to each stem of the verb given.

1. Yo no toc___ la guitarra; yo toc___ el piano.

2. Pedro no cant___ mal; él cant___ bien.

3. Ana no bail___ poco; ella bail___ mucho.

4. María, tú no sac___ malas notas; tú sac___ buenas notas.

5. Srta. Vega, Ud. trabaj___ mucho y descans___ poco.

6. Mi hermano y yo no mir___ la televisión; nosotros escuch___ la radio mucho y habl___ mucho por teléfono.

7. Teresa y María no cocin___ la comida; ellas compr___ la comida y lav___ los platos.

8. Pablo y Carlos no enseñ___ la lección; ellos contest___ muchas preguntas en el aula y estudi___ mucho en casa.

9. Señores López, Uds. camin___ mucho en el invierno, en el otoño y en la primavera y nad___ mucho en el verano.

C. Write any possible **subject pronoun** in the blank. (Remember that the endings reveal the subjects of verbs.)

1. _____ estudiamos en casa y también en la biblioteca.

2. _____ descanso después de las clases.

3. _____ toman muchos exámenes en la escuela.

4. _____ enseña muy bien la clase de español.

5. _____ bailas mucho en las fiestas.

D. Write the correct form of the -AR infinitive in parentheses.

1. (limpiar) Teresa y Juan _____ la casa todos los domingos.

2. (contestar) Nosotros _____ muchas preguntas en la clase de español.

3. (cantar) Mi hermana y yo _____ en el coro de la escuela.

4. (bailar) Carmen, tú _____ muy bien.

5. (cocinar) Señor Rodriguez, ¿_____ Ud. después del trabajo?

6. (viajar) Mis padres siempre _____ en el verano.

7. (ayudar) Yo _____ mucho a mi familia y a mis amigos.

8. (escuchar) Rosa _____ música después de las clases.

9. (sacar) Carlos, tú siempre _____ buenas notas en matemáticas, ¿verdad?

ENRICHMENT, UNIT 5   NAME _____

I. Antonio Ramos Bujalance

Read the following narration told by Antonio Ramos Bujalance who lives in Madrid, Spain.

1 Me llamo Antonio Ramos Bujalance. Tengo treinta y tres años. Vivo en Madrid, la capital
2 de España. Madrid es una ciudad muy grande y bonita. Vivo en un apartamento en una parte
3 de Madrid que se llama Barrio Moratalaz. Trabajo de lunes a viernes en un banco cerca de mi
4 casa.
5   Hay cuatro personas en mi familia. Somos mis padres, mi hermano y yo. Mi madre se llama
6 Carmen. Ella tiene sesenta y dos años. Es baja, simpática y muy cariñosa. No trabaja fuera pero
7 trabaja mucho en casa. Ella cocina muy bien. Mi padre se llama Enrique. Él tiene sesenta y cinco
8 años. Es alto, delgado y muy activo. Ya no trabaja porque está jubilado. Lee mucho y camina
9 todos los días. Con frecuencia visita a su madre que tiene ochenta y siete años.
10   Mi hermano también se llama Enrique. Tiene treinta y seis años. Es muy alto, inteligente
11 y guapo. Es abogado y trabaja para un banco. Está casado y tiene un hijo. Mi sobrino se llama
12 Javier y tiene seis años. Es un chico inteligente y muy activo. La esposa de mi hermano se llama
13 Inmaculada. Ella es alta, buena y muy bonita. Es ama de casa.
14   A mi familia le gusta mucho viajar. Mis padres pasan las vacaciones en una de las muchas
15 playas bonitas que tiene España. Mi hermano, su esposa y su hijo viajan a diferentes partes de
16 España durante el año. Yo siempre viajo en avión a otros países de Europa en el verano.
17 Somos una familia muy unida. Mi hermano habla por teléfono con mis padres todos los días. Los
18 domingos toda la familia se reúne para comer; a veces mi hermano y su familia vienen a comer
19 con nosotros; otras veces, mis padres y yo vamos a comer a casa de mi hermano. Después de
20 comer, a mis padres siempre les gusta jugar con su nieto. A Javier le encanta jugar con sus
21 abuelos. El domingo es el día favorito de la familia.

Vocabulario:

3. el barrio   *neighborhood*   cerca de   *near*
6. cariñoso   *affectionate*   fuera   *outside (the home)*   pero   *but*
8. está jubilado   *he is retired*
9. con frecuencia   *frequently*
11. el abogado   *lawyer*   está casado   *he is married*
13. ama de casa   *housewife*
14. pasar las vacaciones   *to spend the vacation*
16. durante   *during*   en avión   *by plane*
17. unido   *united*
18. toda la familia **se reúne**   *meets, gets together*   para   *in order to*
    vienen   *they come to...*
20. A Javier le encanta   *Javier loves to...*

ENRICHMENT, UNIT 5   NAME_____

I. (continued)

A. *Cierto o Falso:* If the statement is true, write the word *Cierto*. If the statement is false, write *Falso* and correct the bold part.

1. Antonio vive en Madrid que es la capital de **México**. _____

2. Él trabaja en **un supermercado**. _____

3. La madre de Antonio tiene **setenta y dos** años. _____

4. El padre de Antonio es una persona muy **activa**. _____

5. La abuela de Antonio es una persona muy **joven**. _____

B. *Escoja Ud. la respuesta correcta.* (Choose the correct answer.)

6. El hermano de Antonio trabaja _____.
   en una escuela / en casa / en un hospital / en un banco

7. La esposa del hermano de Antonio es _____.
   doctora / abogada / ama de casa / secretaria

8. A toda la familia de Antonio le gusta _____.
   caminar / cocinar / leer / viajar

9. La familia de Antonio se reúne para comer _____.
   todos los días / de lunes a viernes / todos los domingos

10. Los padres de Antonio juegan con _____.
    su perro / su nieto / su gato / su hijo

C. *Conteste las preguntas con una oración completa en español.*
(Answer the questions with a complete sentence in Spanish.)

11. ¿En qué ciudad vive la familia de Antonio? _____

12. ¿Dónde trabaja Antonio? _____

13. ¿Cuántas personas hay en la familia de Antonio? ¿Quiénes son? _____
_____

14. ¿Por qué no trabaja el padre de Antonio? _____

15. ¿Cuántos años tiene la abuela de Antonio? _____

16. ¿Cómo es el sobrino de Antonio? _____

17. ¿Dónde pasan las vacaciones los padres de Antonio? _____
_____

18. ¿Quién viaja mucho a otros países de Europa? _____
_____

ENRICHMENT, UNIT 5   NAME_____

II. El árbol de mi familia

A. Write in the **proper names** of your own family to make your family tree.

    abuelo   abuela   abuelo   abuela

             padre   madre

yo   herman___   herman___   herman___   herman___

B. Give the following information for each of the family members indicated in **complete sentences** in Spanish:
1. name   2. age   3. country of birth (where the person is from)
4. four characteristics (what the person is like)   5. birthday
6. three activities each person does

Mi madre

1. _____
2. _____
3. _____
4. _____
5. _____
6. _____
   _____

Mi hermano (o Mi hermana); Si no tiene hermanos (**Mi primo o prima**)

1. _____
2. _____
3. _____
4. _____
5. _____
6. _____
   _____

Mi abuelo (o mi abuela); Si no viven sus abuelos (**Mi tío o mi tía**)

1. _____
2. _____
3. _____
4. _____
5. _____
6. _____
   _____

ENRICHMENT, UNIT 5   NAME _____

III. Squares

Write the **correct form** of any infinitive (-AR) to make a meaningful sentence. You can play the game with a peer partner or do the activity yourself.

Game #1

Nosotros _____ mal.	El señor Pérez _____ en casa.	¿_____ tú español?
Yo _____ muchas preguntas.	Mis amigos _____ la radio.	La maestra _____ la lección.
Ana y Elena _____ mucho por teléfono.	¿_____ Ud. a México en el verano?	Mi amiga y yo _____ la televisión.

Game # 2

Uds. _____ buenas notas.	Roberto _____ bien al tenis.	Nosotros _____ el cha-cha-cha y el mambo en las fiestas.
Tú _____ muy bien la guitarra.	Los alumnos _____ muchos exámenes.	La señora García _____ la comida en casa.
La señorita Soto _____ la comida en el supermercado.	Yo _____ en el Mar Caribe en el verano.	Ud. _____ mucho en el parque en la primavera.

ENRICHMENT, UNIT 5   NAME_____

IV. Tema: Una familia puertorriqueña

Read the following narration told by Alfredo Santos Vega two times. The first time read for general meaning. The second time read to figure out all the family relationships of Alfredo which you will record in the boxes below. Write the **name** and **age** of each family member related to Alfredo in the appropriate box to form his family tree.

1   Me llamo Alfredo Santos Vega. Tengo catorce años. Vivo en San Juan, la capital de Puerto
2   Rico. Asisto a una escuela cerca de mi casa. Tengo dos hermanos: una hermana y un hermano. Mi
3   hermano se llama Pedro. Él tiene diecisiete años. Mi hermana menor se llama María. Ella tiene
4   once años. Mi padre se llama Antonio Santos Ramos. Él tiene cuarenta y tres años. Trabaja como
5   mecánico en un garaje. Mi madre se llama Teresa. Ella tiene treinta y ocho años. Es ama de casa.

6   Mi abuelo se llama Eduardo Santos Díaz. Tiene setenta y seis años. Es un hombre activo; le
7   gusta nadar y caminar. Mi abuela se llama Carmen Ramos de Santos. Tiene sesenta y nueve
8   años. Ella ayuda a mi madre a preparar la comida. Mis abuelos viven con nosotros en una casa
9   grande.

10   Mi tío José vive en Ponce, otra ciudad de Puerto Rico. Su esposa, Mercedes Pérez de Santos,
11   es secretaria y trabaja para la compañía de teléfonos. Tienen dos hijos: una hija y un hijo. Mi
12   prima Cristina tiene trece años. Es una alumna buena y le gusta leer novelas. Mi primo Roberto
13   tiene dieciocho años y le gusta jugar al béisbol y al baloncesto. Quiero mucho a mi familia.

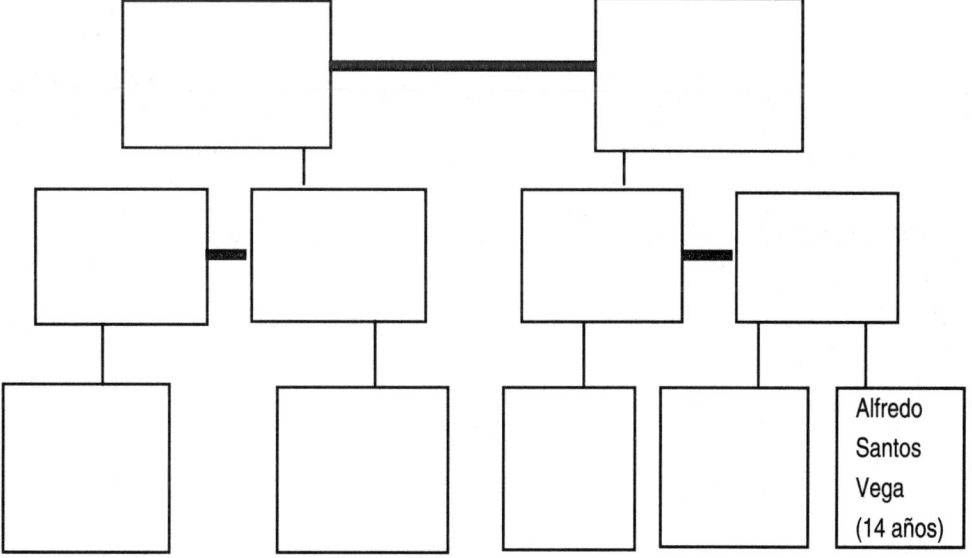

SITUACIONES ORALES, UNIT 5   NAME _____

A. Function: Socializing, Providing and obtaining information
   Roles: You are a foreign exchange student and I am the mother (father) of the host family.
   Purpose: We are socializing and you are going to tell me about your family.
   I will begin the conversation.

1. **Madre (padre):** ¿Cuántas personas hay en tu familia? ¿Quiénes son?

   Alumno(a): _____
   _____

2. **Madre (padre):** ¿Cómo se llama tu mamá?

   Alumno(a): _____

3. **Madre (padre):** ¿De dónde es ella?

   Alumno(a): _____

4. **Madre (padre):** ¿Cuántos años tiene?

   Alumno(a): _____

5. **Madre (padre):** ¿Cómo es?

   Alumno(a): _____

B. Function: Expressing feelings
   Roles: I'm your best friend.
   Purpose: You want to tell me how you feel about your brother or sister.
   You will begin the conversation by stating his/her age.

1. **Tú:** _____

   Mejor amigo(a): ¿Cómo es tu hermano (o hermana)?

2. **Tú:** _____

   Mejor amigo(a): ¿Qué actividades hace él (o ella)?

3. **Tú:** _____

   Mejor amigo(a): ¿Qué actividades hacen tú y tu hermano (o hermana)?

4. **Tú:** _____

   Mejor amigo(a): ¿Qué hace tu hermano (o hermana) que no te gusta?

5. **Tú:** _____

   Mejor amigo(a): ¡Qué lástima!

   Vocabulario:

   molestar   *to bother, to annoy:*   Me molesta   *It bothers me ...*
   cuando él/ella...   *when he/she ...*
   ¡Qué lástima!   *What a pity!*

C. Function: Providing and obtaining information
   Roles: I am a new student in one of your classes.
   Purpose: You wish to find out about my family. You will begin the conversation.

ENRICHMENT, UNIT 6   NAME_____

I. Inventar una vida (Invent a life)

A. Cut out a picture of a teenager from any magazine and attach it to this sheet. Then write each item of information about the teenager in your picture in a complete sentence in Spanish.

1. his/her name
2. his/her age
3. his/her country of birth
4. the number of people in his/her family
5. who they are
6. a description (both physical and personality characteristics)
7. activities s/he likes to do
8. the school s/he attends
9. the subjects s/he studies
10. his/her favorite class

_____
_____
_____
_____
_____
_____
_____
_____
_____
_____
_____
_____
_____
_____
_____
_____
_____
_____

B. Form groups of three or four students. Each student shows the picture s/he has chosen to describe to the other members of the group and then states the ten items of information.

C. Each member of the group can ask one question about each speaker's picture.

ENRICHMENT, UNIT 6   NAME_____

II. Comprensión de lecturas

Read each of the paragraphs that follow and then answer each question with a complete sentence in Spanish.

A. En la escuela

1   Carlos y María estudian en una escuela secundaria en la ciudad de Nueva York. Ellos
2   estudian inglés, matemáticas, historia, ciencia y música. También estudian
3   lenguas extranjeras: el español y el italiano. Juan, el amigo de Carlos, estudia otra lengua,
4   el francés. Los profesores enseñan muy bien las lecciones y los alumnos practican mucho en
5   la clase. Carlos y María trabajan mucho en la escuela y sacan buenas notas. A los tres amigos
6   les gusta mucho estudiar lenguas extranjeras. Carlos quiere ser embajador y trabajar para
7   el gobierno de los Estados Unidos. María quiere ser secretaria bilingüe y trabajar para las
8   Naciones Unidas. Juan quiere viajar a Francia y ser profesor de francés. Todos quieren asistir
9   a la universidad. Los tres amigos hablan mucho sobre sus planes para el futuro.

Vocabulario:

3. una lengua extranjera   *a foreign language*
6. quiere ser ...   *wants to be ...*   un embajador   *an ambassador*
7. el gobierno   *the government*   para   *for*
8. las Naciones Unidas   *the United Nations*   todos   *they all*   asistir   *to attend*
9. sobre   *about*

Comprensión de lectura:

1. ¿Dónde estudian Carlos y Maria?
   _____

2. ¿Qué lenguas extranjeras estudian?
   _____

3. ¿Cómo se llama el amigo de Carlos?
   _____

4. ¿Cómo enseñan los profesores?
   _____

5. ¿Quiénes *(Who)* sacan buenas notas?
   _____

6. ¿Qué quiere ser Carlos?
   _____

7. ¿Para qué *(For what)* organización quiere trabajar María?
   _____

8. ¿Adónde quiere viajar Juan en el futuro?
   _____

9. ¿De qué *(About what)* hablan mucho los tres amigos?
   _____

ENRICHMENT, UNIT 6   NAME_____

B. Durante las vacaciones

1   Ana y Carmen son chicas norteamericanas que estudian en la universidad. Durante las
2 vacaciones ellas no estudian, ellas viajan. Las dos quieren aprender bien el español. Ellas
3 visitan diferentes países de habla española para practicar. Van a Acapulco, México y nadan
4 en el Océano Pacífico. También toman el sol en la playa todos los días y hablan con jóvenes
5 mexicanos. Cuando viajan a Caracas, Venezuela, visitan a Juan, un amigo de Carmen. Todas
6 las tardes ellas nadan en una piscina y practican el español con Juan y sus amigos.
7   Durante las vacaciones de verano Juan y sus amigos juegan al tenis por la mañana.
8 Los sábados por la noche siempre van a una fiesta. Ellos invitan a Carmen y a Ana. A Juan
9 le gusta tocar la guitarra y todos los jóvenes bailan y cantan. Por la mañana cuando hace
10 menos calor, las dos chicas caminan por la ciudad para ver los sitios de interés. Ana y Carmen
11 aprenden mucho español durante las vacaciones de verano.

Vocabulario:

1. norteamericano(a) *American*   las vacaciones *vacation*
    las dos *both*   quieren **aprender** *want **to learn***
3. de habla española *Spanish-speaking*
4. todos los días *every day*   los jóvenes *teenagers*
5. todas las tardes *every afternoon*
6. la piscina *swimming pool*
7. por la mañana *in the morning*
10. menos *less*   por la ciudad *through the city*   para ver *to see*
    los sitios de interés *places of interest*

Comprensión de lectura:

1. ¿Dónde estudian Ana y Carmen?
   _____

2. ¿Qué quieren ellas aprender bien?
   _____

3. ¿En qué país nadan en el Océano Pacífico?
   _____

4. ¿Con quiénes *(whom)* hablan en la playa?
   _____

5. ¿En qué país nadan en una piscina?
   _____

6. ¿Cuándo juegan al tenis Juan y sus amigos?
   _____

7. ¿Qué hacen los jóvenes en la fiesta?
   _____

8. ¿Por qué caminan las dos chicas por la ciudad por la mañana?
   _____

ENRICHMENT, UNIT 6   NAME_____

III. Actividad de repaso

Una carta a un amigo (una amiga) por correspondencia

    A. In the first paragraph of your letter tell him/her the following information of personal identification. Write one **complete** sentence in Spanish for each item requested.

1. Greet him/her and then state how you are.
2. State your name.
3. State where you are from (country of birth).
4. State your age.
5. State your birthday.
6. State the year in which you were born.
7. State where you live (city, town, borough, etc. and state).
8. State your telephone number.
9. Tell what you are like (use five descriptive adjectives).
10. Mention five activities you like to do.
11. Mention three activities you don't like to do.

    B. In the second paragraph tell him/her the following information related to school. State the following:

12. what high school you attend *(asistir*   to attend)
13. where the school is located (city, village or borough)
14. the subjects you study
15. what your favorite subject is and why
16. the name of your Spanish teacher and how s/he teaches *(enseñar*   to teach: *bien, mal o regular)*
17. how many students there are in your Spanish class
18. what your class is like (two descriptive adjectives)
19. if you have a lot of homework in the class
20. if you like your Spanish class and why

    C. In the third paragraph tell him/her the following information related to your family. State the following:

21. how many people there are in your family and who they are
22. the name of your mother or father
23. the age of your mother or father
24. what your mother or father is like (three adjectives)
25. the country your mother or father is from
26. one activity you like to do with your mother or father
27. the name of one brother or sister or cousin
28. his or her age
29. what s/he is like
30. one activity you like to do with him/her

    D. In the fourth paragraph ask him/her at least three questions of personal identification, three questions related to his or her school and three questions related to his/her family. You can close your letter by using the very common farewell, *Un abrazo* (An embrace), and then sign your name below. Write your letter on pages 66–67.

ENRICHMENT, UNIT 6   NAME _____

Un repaso

1a. ¿Cómo es él?   *What is he like?*
    Él es ...

alto	*tall*	generoso	*generous*
antipático	*unfriendly*	gordo	*fat*
atlético	*athletic*	guapo	*handsome*
bajo	*short*	inteligente	*intelligent*
bueno	*good*	joven	*young*
creativo	*creative*	malo	*bad*
débil	*weak*	perezoso	*lazy*
delgado	*thin*	rico	*rich*
divertido	*funny*	romántico	*romantic*
estúpido	*stupid*	sincero	*sincere*
feo	*ugly*	simpático	*friendly*
fuerte	*strong*	viejo	*old*

  b. ¿Cómo es ella?   *What is she like?*
     Ella es alta, débil, inteligente, joven y muy simpática.

2. ¿Cómo es la clase de inglés?
   La clase de inglés es ...

buena	*good*	fácil	*easy*	interesante	*interesting*
mala	*bad*	difícil	*difficult*	aburrida	*boring*

3a. ¿Cómo está él?   *How is he? (How is his health?)*
    Él está ...

bien	*well*	cansado	*tired*
muy bien	***very*** *well*	enfermo	*sick*
regular	*so-so, fair*	mal	*sick*

  b. ¿Cómo está ella?   *How is she? (How is her health?)*
     Ella está ... (bien) (mal) (regular) (cansada) (enferma).

4a. ¿Dónde está Puerto Rica (Cuba) (la República Dominicana)?
         Puerto Rico está en el mar Caribe.
  b. ¿Dónde está tu mamá? — Ella está en el trabajo.
  c. ¿Dónde está tu hermano? — Él está en casa.

Note: *We use the form* está *not only to tell about someone's* **health** *(3a., 3.b), but also to tell about the* **location** *of something or someone (4a., 4b., 4c.).*

5a. ¿Qué te gusta hacer?   *What do you like to do?*
       Me gusta trabajar en una tienda.   *to work in a store*
       Me gusta jugar a los juegos de vídeo.   *to play video games*
       Me gusta montar en bicicleta.   *to ride a bicycle*

  b. ¿Qué no te gusta hacer?   *What don't you like to do?*
       No me gusta lavar los platos.   *to wash dishes*
       No me gusta tomar exámenes.   *to take tests*
       No me gusta hacer la tarea.   *to do homework*

ENRICHMENT, UNIT 6   NAME_____

Una carta a mi amigo (mi amiga) por correspondencia

_____, _____ de _____ de _____
(ciudad)   (día)   (mes)   (año)

Querido amigo _____,
　　o
Querida amiga _____,

ENRICHMENT, UNIT 6 NAME_____

Una carta ... (continued)

CORRECTIVE, UNIT 7 NAME _____

I. Topic: ¿Qué hora es?

A. FIRST STUDY Aims Ia–If, pages 161–169. Then answer the pivotal questions on page 168.

B. Match the time and its corresponding clock by letter.

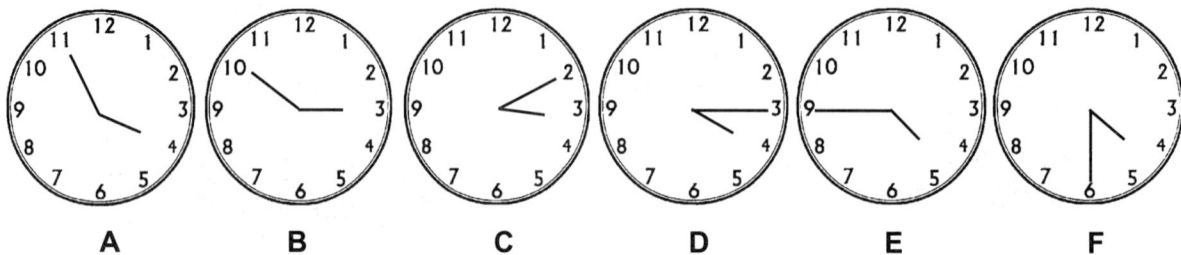

    A   B   C   D   E   F

1. Son las cuatro y cuarto. ____
2. Son las tres menos diez. ____
3. Son las cuatro y media. ____
4. Son las tres y diez. ____
5. Son las cuatro menos cinco. ____
6. Son las cinco menos cuarto. ____

C. You will hear five different hours. After the second repetition, choose the picture which corresponds to what you hear. Write only the letter.

1. ____ 2. ____ 3. ____ 4. ____ 5. ____ 6. ____

D. Write the following hours in **Spanish words.**

1. 10:25 _____
2. 1:13 _____
3. 7:50 _____
4. 4:15 _____
5. 12:40 _____
6. 11:05 _____
7. 8:45 _____
8. 6:30 _____

CORRECTIVE, UNIT 7   NAME _____

II. Topic: *Las muebles de la casa*

A. FIRST STUDY the furnishings and appliances of the house, Aim IV, page 177 and *Vocabulario,* page 179.

B. Write the name of each item found in the home next to the letter given:

A. _____   F. _____   K. _____

B. _____   G. _____   L. _____

C. _____   H. _____   M. _____

D. _____   I. _____   N. _____

E. _____   J. _____   O. _____

P. _____

C. REVIEW the *Práctica escrita* 1–12, page 178. You will hear the names of seven furnishings and appliances found in the home. After the second repetition, choose the picture, by letter, which corresponds to what you hear.

1. ____   2. ____   3. ____   4. ____   5. ____   6. ____   7. ____

CORRECTIVE, UNIT 7   NAME _____

III. Topic: *Los cuartos de la casa*

A. FIRST STUDY the rooms of the house and some of the activities you do in your home, Aim II, pages 170–173.

B. Answer each question with a **complete sentence** in Spanish to indicate **in which room** you do each of the following activities. REMINDER: Study *Vocabulario,* Page 173.

1. ¿Dónde cocinas?   **Yo cocino en la cocina.** _____
2. ¿Dónde descansas? _____
3. ¿Dónde comes? _____
4. ¿Dónde haces tu tarea? _____
5. ¿Dónde lavas los platos? _____
6. ¿Dónde pones la mesa? _____
7. ¿Dónde te bañas? _____
8. ¿Dónde duermes? _____
9. ¿Dónde tomas el desayuno? _____
10. ¿Dónde hablas por teléfono? _____
11. ¿Dónde te duchas? _____
12. ¿Dónde escuchas la radio? _____
13. ¿Dónde miras la televisión? _____

IV. Topic: *Los quehaceres domésticos y actividades de mi familia*

A. FIRST REVIEW Aim II, pages 170–173 and Aim III, page 174. Next, study the examples of the **Actividad** on page 176.

B. State the family member who does each of the following domestic chores and activities at home. **Remember to change the form of the verb if YOU do the activity.**

Examples: Yo **limpio** la casa.
Mi **madre** limpia la casa.
Mi **hermana y yo** limpiamos la casa.

1. _____ limpia la casa.
2. _____ saca la basura.
3. _____ lava los platos.
4. _____ pone la mesa.
5. _____ compra la comida.
6. _____ cocina.
7. _____ seca los platos.
8. _____ lava la ropa.

CORRECTIVE, UNIT 7   NAME _____

V. Topic: *Una carta a un amigo (una amiga) por correspondencia*

   A. FIRST READ Aim V, pages 180–185 *(Lectura I and II)* and study *Vocabulario* pages 181–183.
   B. Answer the following questions with a complete sentence in Spanish.

1. ¿Cuál es tu dirección? _____

2. a. ¿Vives en una casa o en un apartamento? _____

   b. ¿En qué piso vives? _____
_____

3. ¿Cuántos pisos tiene tu edificio (o tu casa)? _____
_____

4. a. ¿Cuántos cuartos hay en tu casa (o tu apartamento)? _____
_____

   b. ¿Cuáles son? _____
_____

5. a. ¿Cómo es tu dormitorio? (3 adjetivos) _____
_____

   b. ¿Cómo es la sala? (3 adjetivos) _____
_____

   c. ¿Cómo es la cocina? (3 adjetivos _____
_____

6. ¿Cuál es tu cuarto favorito? ¿Por qué? _____
_____

   C. Write three chores or activities that you and the members of your family do.

Mi mamá _____
_____

Mi padre (o mi hermano) _____
_____

Yo _____
_____

CORRECTIVE, UNIT 7   NAME_____

VI. Topic: *Mis posesiones favoritas*

Make a list, in Spanish, of your favorite possessions.

1. _____ 3. _____ 5. _____

2. _____ 4. _____ 6. _____

VII. Topic: *Resumen gramatical*

A. FIRST STUDY Aim III, page 174 (subject-verb agreement with -ER and -IR verbs). Note **the meaning** of each subject pronoun. Then add the appropriate ending to each stem of the verbs given.

1. Yo no viv___ en San Antonio; viv___ en Chicago.

2. Juan no com___ poco; él com___ mucho.

3. María no vend___ periódicos; ella vend___ revistas.

4. Carlos, ¿escrib___ tú pocas o muchas cartas?

5. Srta. Soto, ¿aprend___ Ud. italiano o francés?

6. Mi hermano y yo corr___ dos millas todos los días. Nosotros corr___ cuando hace calor y cuando hace frío.

7. Carmen y Teresa no beb___ refrescos; ellas beb___ agua o leche cuando tienen sed.

8. Felipe y Roberto no le___ revistas pero ellos le___ el periódico todos los días.

9. Señores Vega, ¿recib___ Uds. muchas tarjetas de sus amigos?

B. Write any possible **subject pronoun** in the blank.

1. _____ abres la puerta todas las mañanas.

2. _____ comprenden muy bien el portugués.

3. _____ vivimos cerca de la escuela.

4. _____ come en un restaurante los martes.

5. _____ bebo agua con todas las comidas.

C. Write the correct form of the -ER and -IR infinitive in parentheses.

1. (comprender) Mis amigo y yo _____ la lección muy bien.

2. (abrir) Mi hermanos _____ las ventanas cuando hace calor.

3. (beber) Carmen _____ mucha agua todos los días.

4. (vivir) Pedro y Teresa _____ cerca de la escuela.

5. (aprender) Yo siempre _____ mucho en la clase de español.

6. (comer) Pablo, ¿qué _____ tú por la mañana?

ENRICHMENT, UNIT 7   NAME _____

I. Squares

Write the **correct form** of any infinitive to make a meaningful sentence. You can play the game with a peer partner.

Game #1

Nosotros _____ muchos regalos.	Mi amiga _____ tres millas.	Pablo y Juan _____ en la Florida.
Yo _____ las ventanas cuando hace calor.	¿ _____ tú agua con la comida?	Mi padre siempre _____ el periódico.
¿ _____ Uds. la lección de español?	José _____ muchas cartas a sus amigos.	Mi familia y yo _____ en los restaurantes.

Game #2

Mi mamá _____ bien la comida.	Yo siempre _____ la basura.	Mis hermanas _____ los platos.
Mi hermano menor _____ la mesa.	Mi padre y mi hermano _____ la casa.	¿ _____ tú la comida en el supermercado?
Mi familia siempre _____ a las seis y media.	Mi hermano mayor no _____ nada en casa.	Mi padre y yo _____ mucho ejercicio.

Game 3: Make up your own game of "Squares" on your own paper. You may refer to the activities listed on pages 172–176. Use different subjects for each activity.

ENRICHMENT, UNIT 7   NAME _____

II. The verb "estar"

FIRST STUDY the following forms of the irregular verb *"estar"* in the present tense.

Yo **estoy** en mi dormitorio.
Tú **estás** en la biblioteca.
Ud. **está** en el trabajo.
Él **está** en el parque.
Ella **está** en la fiesta.

Nosotros **estamos** en la escuela.
Uds. **están** en el restaurante.
Ellos **están** en la universidad.
Ellas **están** en el cine.

We use this verb to state **the location** of someone (people) or something (things). State **five** different hours of the day and the **place** where different people you know might be found. Include all above pronouns. **Examples:**

Son las diez de la mañana. Yo estoy en la clase de arte.
Es la una y cuarto de la tarde. Mi madre está en la cafetería del trabajo.

1. _____
2. _____
3. _____
4. _____
5. _____

III. The verb "tener"

FIRST STUDY the following forms of the irregular verb *"tener"* in the present tense.

Yo **tengo** una computadora.
Tú **tienes** un vídeo.
Ud. **tiene** un radio.
Él **tiene** una máquina de escribir.
Ella **tiene** una bicicleta.

Nosotros **tenemos** un tocadiscos.
Uds. **tienen** un coche.
Ellos **tienen** un televisor.
Ellas **tienen** una lavadora.

State **five** different possessions that people you know have. Describe each possession using a different adjective. **Examples:**

Mis padres tienen un coche **nuevo**.
Mi amigo tiene una casa **bonita.**
Mi hermana y yo tenemos una computadora **buena**.

1. _____
2. _____
3. _____
4. _____
5. _____

ENRICHMENT, UNIT 7   NAME_____

IV. Marta Ramos Pérez

Read the following narration told by Marta Ramos Pérez.. The first time read to understand the general meaning. The second time read to find the answers to the questions that follow the narration.

1   Me llamo Marta Ramos Pérez. Tengo treinta y cinco años. Soy de Cuba. Vivo en la Calle 188
2   de Manhattan en la ciudad de Nueva York. Tengo mi propio apartamento que me gusta mucho.
3   Trabajo como secretaria en una oficina en el centro.
4   Hay cinco personas en mi familia. Somos mis padres, mis dos hermanas y yo. Mi madre se
5   llama María. Ella tiene sesenta y dos años. Es baja, cariñosa y muy simpática. Trabaja mucho
6   en la casa. Mi padre se llama Manuel y tiene sesenta y cinco años. Él es bajo, delgado y muy
7   activo. Ya no trabaja; está retirado. Le gusta caminar mucho y cultivar su jardín. Mis padres
8   viven en una casa particular en California.
9   Mi hermana Nora tiene treinta y cuatro años. Es baja, gorda y muy generosa. Ella es
10   peluquera y trabaja tres días por semana. A ella le gusta pintar y pinta muy bien. Ella está
11   casada y su esposo se llama Clifford. Él es alto, rubio y guapo. Es de los Estados Unidos. A él le
12   gusta reparar carros. Ellos también viven en una casa en California.
13   Mi hermana menor se llama Nidia. Ella tiene treinta y tres años. Es baja, delgada y muy
14   inteligente. Es ama de casa. Está casada y tiene dos hijos: un hijo y una hija. Su esposo se llama
15   Michael. Él es alto, fuerte y atlético. Es norteamericano y es programador de computadoras.
16   Mi sobrino, Christian, tiene cuatro años y mi sobrina, Nicole, tiene dos. Viven en Minnesota.
17   La otra parte de mi familia vive en Cuba. Mi abuelo que tiene noventa años es bueno y cariñoso.
18   Él vive con mis tíos en una casa en el campo. Me gusta recibir cartas de él; también yo le escribo.
19   Tengo muchos tíos y primos y a veces ellos me escriben. Nos encanta recibir cartas de nuestra
20   familia en Cuba.
21   Somos una familia muy unida. Todos los domingos hablo con mis padres por teléfono y
22   también mis hermanas hablan con ellos. Todos los años durante la Navidad, mi hermanea Nidia, su
23   familia y yo viajamos a California para visitar a mis padres y a mi hermana Nora. El día de
24   Navidad mis padres preparan una comida muy grande y todos nos sentamos a una mesa grande
25   para comer y divertirnos. La Navidad es el día de fiesta favorito de mi familia. El mejor regalo de
26   Navidad para nosotros es estar juntos y compartir.

Vocabulario:

2. mi **propio** apartamento ... *own* ...   que *which, that*
3. en el centro *downtown*
7. ya no *no longer*
10. peluquera *beautician* (el pelo *hair*)   por semana *per week*
    pintar *to paint*   ella está casada ... *is married*
12. reparar *to repair*
14. ama de casa *housewife*

ENRICHMENT, UNIT 7   NAME _____

IV. (continued)

15. es norteamericano   ... *American*
17. la **otra** parte   ... ***other*** ...   mi abuelo **que**   ... ***who***
18. en el campo   *in the country*
19. nos encanta ...   *we love to*   nuestro(a)   *our*
21. unido(a)   *united*
22. todos los años   *every year*   durante la Navidad   *during Christmas*
24. una comida   *a meal*   todos nos sentamos   ... *we all sit down* ...
25. divertirnos   *to enjoy ourselves*   el día de fiesta   *the holiday*
26. estar juntos y compartir   *to be together and to share*

Conteste las preguntas con una oración completa en español.

1. ¿De dónde es Marta? _____

2. ¿En qué ciudad vive ella? _____

3. ¿Cuántas personas hay en la familia de Marta? ¿Quiénes son? _____
_____

4. ¿Cuántos años tiene la madre de Marta? _____

5. ¿Trabaja el padre de Marta? _____

6. ¿En qué estado viven los padres de Marta? _____

7. ¿Cómo es Nora, la hermana de Marta? _____

8. ¿Qué le gusta hacer a Nora? _____

9. ¿Cómo se llama la hermana menor de Marta? _____

10. ¿Está casada ella? ¿Cuántos hijos tiene? _____
_____

11. ¿De dónde es el esposo de Nidia? _____

12. ¿Dónde viven el abuelo y muchos tíos y primos de Marta? _____
_____

13. ¿Cuándo habla Marta por teléfono con sus padres? _____
_____

14. ¿Por qué viajan Marta y Nidia y su familia a California? _____
_____

15. ¿Cuál es el día de fiesta favorito de la familia de Marta? _____
_____

ENRICHMENT, UNIT 7   NAME _____

V. Manuel Ramos López

Read the following narration told by Marta's father. The first time read to understand the general meaning. The second time read to find the answers to the questions that follow the narration.

1   Me llamo Manuel Ramos López. Vivo en una casa particular en un pueblo a sesenta millas al
2   este de Los Ángeles. El pueblo es pequeño pero tiene un centro comercial muy grande con toda
3   clase de tiendas. En el pueblo hay algunos servicios públicos como un hospital moderno, una
4   biblioteca pública, un correo, una estación de policía y de bomberos y varias escuelas públicas.
5   También hay algunos sitios de recreo como cines, restaurantes y discotecas. Mi barrio es tranquilo
6   sin el ruido ni el tráfico de las ciudades grandes como Los Ángeles. Mis vecinos son simpáticos y
7   amables y nos ayudamos cuando es necesario.
8   Me gusta mucho mi casa. Hay siete cuartos en mi casa. Son los dos dormitorios, la sala,
9   el comedor, la cocina y los dos baños. Los dormitorios son grandes y cómodos. Cada dormitorio
10 tiene un armario muy amplio y una ventana grande por donde entra mucha luz. A mi esposa le
11 gusta mucho la cocina porque es moderna y tiene de todo. Por la noche pasamos mucho tiempo en
12 la sala donde miramos la televisión y hablamos con nuestros amigos que nos visitan con
13 frecuencia. El comedor es bonito pero pequeño.
14   Mi esposa y yo hacemos muchas actividades en la casa. En el verano me gusta cocinar en la
15 barbacoa que está en la terraza de la casa. Los domingos siempre invitamos a nuestros amigos
16 a comer con nosotros. Lo que más me gusta de la casa es el jardín donde paso mucho tiempo.
17 Como en California hace buen tiempo casi todo el año, cultivo flores y vegetales en mi jardín. Mi
18 esposa pasa mucho tiempo en el jardín en la primavera cuando no hace mucho calor. En el verano
19 le gusta más estar en la casa; a ella le gusta tejer, cocinar y limpiar la casa. Aunque estoy
20 retirado, me gusta mantenerme activo. Voy con mi esposa a comprar la comida, limpio las
21 ventanas, arreglo mi carro y otras cosas en la casa. Estamos muy contentos en nuestra casa.

Vocabulario:

1. el pueblo   *town*   la milla   *mile*   al este   *to the east*
2. un centro comercial   *a shopping center*   toda clase de tiendas   *all kinds of stores*
4. el correo   *post office*   la estación de bomberos   *fire station*
5. el sitio de recreo   *place of recreation*   el barrio   *neighborhood*
6. sin   *without*   el ruido   *noise*   ni   *nor*
    como   *like, as*   el vecino   *neighbor*
7. amable   *kind*   **nos** ayudamos   *we help **each other***
10. el armario   *closet*   amplio   *ample, spacious*
    por donde entra mucha luz   *through which enters a lot of light*
12. nuestro   *our*   **que** nos visitan   ***who** visit us*   con frecuencia   *frequently*
15. la barbacoa   *barbecue*
16. lo que más   *what (I like) most ...*
17. casi   *almost*   todo el año   *the whole year*   cultivar   *to cultivate*
19. estar en la casa   *to be at home*   tejer   *to knit*   aunque   *although*
20. mantenerse activo   *to keep (maintain) oneself active*
21. arreglar   *to fix*   otras cosas   *other things*

ENRICHMENT, UNIT 7 NAME _____

VI. (continued)

Conteste las preguntas con una oración completa en español.

1. ¿Dónde vive Manuel Ramos López? _____

2. ¿Hay muchas o pocas tiendas en el centro comerical del pueblo? _____

3. ¿Qué servicios públicos hay en el pueblo? _____

4. ¿Y qué sitios de recreo tiene el pueblo? _____

5. ¿Cómo es el pueblo donde vive Manuel? (**dos** características) _____

6. ¿Cuáles son los cuartos de su casa? _____

7. ¿Qué cuarto le gusta más a su esposa? ¿Por qué? _____

8. ¿Qué actividades hacen Manuel y su esposa en la sala? _____

9. ¿Cómo es el comedor de la casa? _____

10. ¿Cuándo cocina Manuel en la barbacoa? _____

11. ¿Dónde pasa él mucho tiempo? _____

12. ¿Qué cultiva él? _____

13. ¿Qué actividades le gusta hacer a la esposa de Manuel? _____

14. ¿Trabaja Manuel o está retirado? _____

15. ¿Qué hace él para mantenerse activo? _____

ENRICHMENT, UNIT 7   NAME _____

VI. Anuncios en ABC

A common source for those who want to rent or buy apartments in Madrid is the daily newspaper, ABC. Read the list of apartments available for rent and then answer the questions that follow.

Jueves 17-5-98 • ANUNCIOS POR PALABRAS • 999-111-444 • Anuncios en ABC

APARTAMENTOS alquiler amueblado, garaje, piscina, aire acondicionado. Alberto Alcocer, 43. 4587100.
1

JERONIMOS, lujo, Moreto, 9, junto Museo Prado. Semanas, meses, climatizados, 1-2 dormitorios, amueblados, TV color, 50-100 metros cuadrados todos servicios. 4200211.
2

VACACIONES junto al Mediterráneo. Alquile su apartamento en Peñíscola (Castellón), llamando al teléfono 964-473216. Quincena desde: junio, 15.000 pesetas; julio, 70.000 pesetas; agosto, 90.000 pesetas; septiembre, 40.000 pesetas.
3

ALONSO MARTINEZ, dos dormitorios, amueblado, lavadora. 4458401.
4

PIO XII, Ural, lujo, amueblado, salón comedor, un dormitorio, piscina, gimnasio, sauna, garaje. 135.000. 7660327.
5

PARTICULAR, Chamberí, nuevo, amueblado, servicios completos, 86.000. 2667826.
6

ARGÜELLES, 100 metros, amueblado, lujo, garaje, 140.000. 5422542, 5423616.
7

DIEGO LEON, dos dormitorios, lujo, amueblado, teléfono, garaje, cocina independiente. 4471266.
8

SERRANO-Alcala (villalar, 5/. Estudio, estrenar, amueblado, aire acondicionado. Enseña conserje, teléfono.
9

---

1. If you want a two bedroom apartment with a washing machine included, answer ad # _____.

2. If you want a new, furnished apartment, you will answer ad # _____.

3. If you are looking for a luxury apartment with parking facilities, answer ad # _____.

4. If you want an apartment with a separate dining room, answer ad # _____.

5. If you want an apartment with two bedrooms and a separate kitchen, answer ad # _____.

6. If you wish to rent an apartment for a one-month summer vacation, answer ad # _____.

7. If you have a strong interest in art, you might answer ad # _____.

8. If air conditioning is an important feature for you, you might answer ad # _____.

9. If a swimming pool and a gym are important features for you, answer ad # _____.

SITUACIONES ORALES, UNIT 7   NAME _____

A. Function: Providing and obtaining information
   Role: I am your friend.
   Purpose: You have recently moved to a new home and I want to find out about it. I will begin.

1. **Amigo(a):** ¿Desde cuándo *(since when)* vives en la casa?

   Tú: _____

2. **Amigo(a):** ¿Cuál es tu dirección?

   Tú: _____

3. **Amigo(a):** ¿Cuántos cuartos hay en tu casa?

   Tú: _____

4. **Amigo(a):** ¿En qué cuarto pasas mucho tiempo?

   Tú: _____

5. **Amigo(a):** ¿Cómo es tu casa?

   Tú: _____

6. **Amigo(a):** ¿Por qué te gusta tu nueva casa?

   Tú: _____

B. Function: Socializing
   Role: I am a Spanish teenager you meet on vacation in Madrid.
   Purpose: I want to know about your home and the responsibilities of the members of your family. I will begin the conversation.

1. **Un(a) joven:** ¿Dónde vives?

   Tú: _____

2. **Un(a) joven:** ¿Vives en una casa o en un apartamento? ¿En qué piso vives?

   Tú: _____

3. **Un(a) joven:** ¿Cuál es tu cuarto favorito? ¿Por qué?

   Tú: _____

4. **Un(a) joven:** ¿Quién cocina y quién lava los platos?

   Tú: _____

5. **Un(a) joven:** ¿Cómo ayudas en casa?

   Tú: _____

C. Function: Providing and obtaining information
   Roles: We are friends. I have just moved to another house or apartment.
   Purpose: You call me to find out about my new place. You will begin.

CORRECTIVE, UNIT 8   NAME_____

I. Topic: ¿Qué le duele a ...?

A. FIRST STUDY the parts of the body, Aim Ia, pages 191–193 and the *Vocabulario,* page 194.

B. Pretend you are the person in the picture. State what part of the body hurts you in a complete sentence in the space provided.

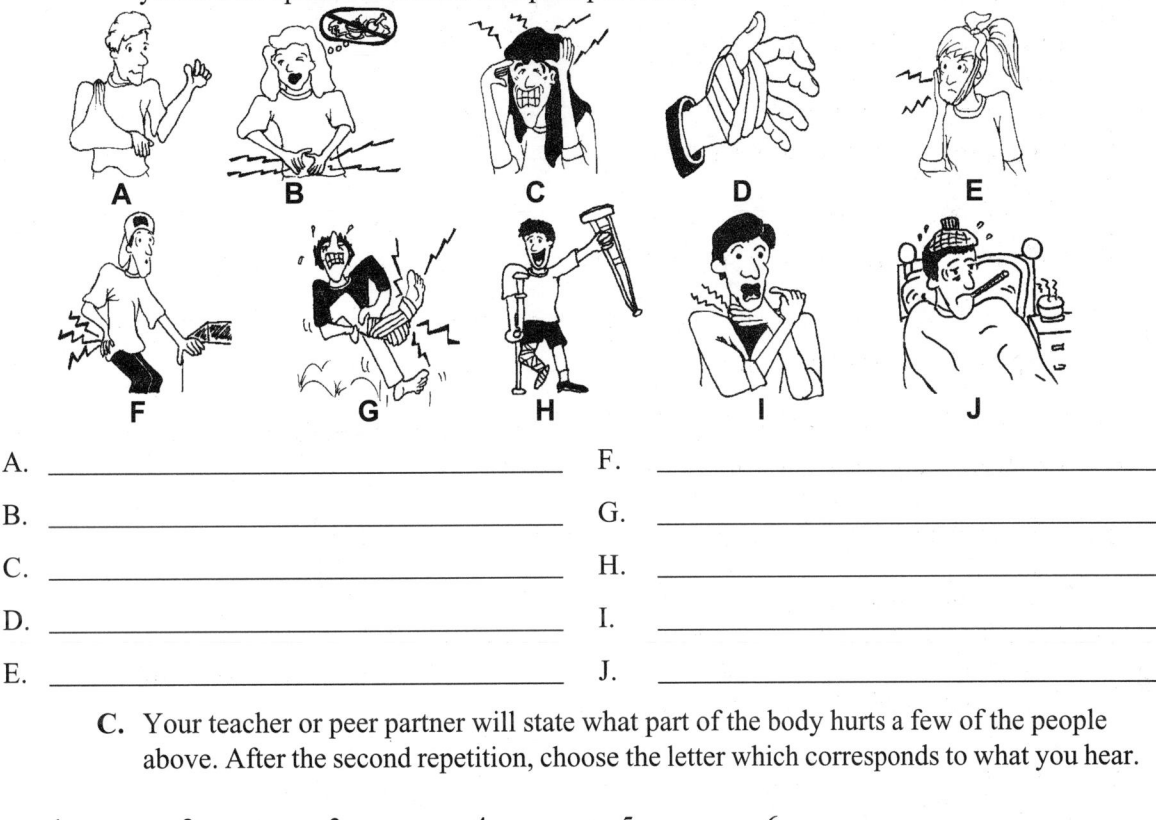

A. _____   F. _____
B. _____   G. _____
C. _____   H. _____
D. _____   I. _____
E. _____   J. _____

C. Your teacher or peer partner will state what part of the body hurts a few of the people above. After the second repetition, choose the letter which corresponds to what you hear.

1._____   2. _____   3. _____   4. _____   5. _____   6. _____

II. Topic: *La respuesta adecuada*

A. Read the dialogues on pages 207, 212 and 213 and study the *Vocabulario* on pages 209–211.

B. Write the **English meaning** of each of the following frequently used expressions.

1. ¡Hola! ¿Qué tal? (o ¿Cómo estás?) _____

2. ¡Cuánto me alegro de verte! _____

3. Yo también. _____

4. ¿Te gustaría...? _____

5. Me gustaría. / No me gustaría. _____

6. Tú ... muy bien. _____

7. Me encanta... _____

CORRECTIVE, UNIT 8   NAME _____

II. (continued)

8. ¿Por qué no puedes? _____
9. ¿Qué te parece si ...? _____
10. Está bien. _____
11. Yo no sé. No tengo mi reloj. _____
12. ¡Salud! _____
13. Adiós. / Hasta luego. _____
14. No puedo. _____
15. Regular. / Enfermo(a). / Cansado(a). _____
16. De nada. _____
17. Gracias. _____
18. No tengo tiempo. _____
19. Buenos días. _____

    C. Write an appropriate response from the choices given in part **B** for each of the following statements or questions.

1. ¡Hola! ¿Qué tal? _____
2. Gracias. _____
3. (Someone sneezes.) _____
4. Buenos días. _____
5. ¡Cuánto me alegro de verte! _____
6. ¿Te gustaría ir a la discoteca? _____
7. Tú hablas español muy bien. _____
8. ¿Qué te parece si te llamo por teléfono? _____
9. ¿Qué hora es? _____
10. Hasta luego. _____

III. Topic: *Una nota informal*

    A. FIRST STUDY pages 195–201.
    B. Tomorrow is the day of your Spanish test and you do not feel well today. Write a note to your teacher telling him/her in three complete sentences: a) you are sick and you have a headache, b) you **also** have a fever and your throat hurts you, and c) you are not going to school tomorrow; you're going to the doctor.

Estimado(a) profesor(a) _____,

_____

_____

_____

CORRECTIVE, UNIT 8   NAME _____

IV. Topic: *La salud*

A. FIRST STUDY the *Vocabulario,* pages 194 and 197. Then read the dialogues of Aim Ic, page 198.

B. Next fill in an appropriate expression in each of the blanks.

A.

Ana: ¡Hola!, Pedro. ¿ _____ ?

Pedro: Estoy cansado. ¿Y _____ ?

Ana: No estoy bien.

Pedro: ¿ _____ ?

Ana: Tengo dolor de estómago y me duele la cabeza.

Pedro: _____.

¡ _____ pronto!

Ana: _____.

Pedro: ¿Por qué no vas a casa?

Ana: Buena idea. Hasta luego, Pedro.

Pedro: _____, Ana.

B.

Sr. Vega: Buenas tardes, Sra. Soto.

¿ _____ ?

Sra. Soto: Regular, gracias. ¿Y _____ ?

Sr. Vega: No muy bien.

Sra. Soto: ¿ _____ ?

Sr. Vega: Tengo un resfriado y me duele el oído.

Sra. Soto: _____

¡ _____ pronto!

Sr. Vega: _____.

Sra. Soto: ¿Por qué no va Ud. al médico?

Sr. Vega: Ud. tiene razón. Voy al médico mañana. _____, Sra. Soto.

Sra. Soto: Adiós, Sr. Vega.

V. Topic: *Un anuncio relacionado con la salud*

What number would you call if you had trouble with your teeth? Circle the correct letter.

A. 447 75 85

B. 730 46 07

C. 542 37 36

D. 279 44 43

DOCTOR MERINO BATRES
CARDIO CONTROL
Cardiólogos y cirujanos cardíacos
Cardiología infantil y adultos
Urgencias cardiológicas
28004 MADRID
Sagasta, 30 - 2º
Centralita: ☎ *447 75 85

CLINICA DENTAL
Dra. Rebollares-Odontología
28034 MADRID
Fermín Caballero, 70-Post. ☎ 730 46 07

JUAN PEÑAS DOMINGUEZ
Cirugía plástica y estética
Previa petición de hora
28046 MADRID
Pº de la Castellana, 175 - 7º A
☎ 279 44 43

ESTADOS DEPRESIVOS
NEUROSIS
FRACASO ESCOLAR
DISLEXIA
TRANSTORNOS DEL LENGUAJE
28008 MADRID
Bordadores, 9
☎ 542 37 36

CORRECTIVE, UNIT 8   NAME _____

VI. Topic: *Los pasatiempos*

A. FIRST STUDY Aim IIb, *Los deportes,* pages 204–205 and read Aim III, pages 207, 212 and 213 and the *Vocabulario* that follows each reading.

B. Answer the following questions about your hobbies and other leisure time activities with a complete sentence in Spanish.

1. ¿Te gusta jugar a los deportes? _____
2. ¿A qué deportes juegas? _____
3. ¿Cuál es tu deporte favorito? _____
4. ¿Cuándo juegas a tu deporte favorito? _____
5. ¿Te gustaría jugar al baloncesto el domingo que viene? (Sí) _____
6. ¿Con quién quieres jugar? _____
7. ¿Participas en alguna actividad después de las clases? ¿Cuál es? o ¿Por qué no? _____
8. ¿Adónde vas durante las vacaciones de verano? _____
9. ¿Cuándo sales con tus amigos? (State 2-3 time periods.) _____

VII. Topic: *Mis actividades durante el fin de semana*

Review pages 202–214 if you have not done so already. Then answer the following questions with a complete sentence in Spanish stating the time period during the weekend when you do each activity.

Example: *Voy al parque **el sábado por la tarde.***

1. ¿Vas de compras? _____
2. ¿Vas al cine o a una discoteca? _____
3. ¿Juegas a los deportes? _____
4. ¿Sales con tus amigos? _____
5. ¿Tocas un instrumento musical? ¿Cuál? _____
6. ¿Miras los deportes en la televisión? ¿Cuáles? _____
7. ¿Vas a la iglesia (al templo) (a la sinagoga)? _____
8. ¿Estudias para los exámenes? _____
9. ¿Trabajas? ¿Dónde? _____

ENRICHMENT, UNIT 8   NAME _____

I. Una nota

Write a short note to a friend refusing an invitation from him/her for health reasons. Your note should consist of at least three complete sentences in Spanish.   _____ de _____ de _____

Querido(a) amigo(a) _____,

_____
_____
_____
_____
_____

                                                               Un abrazo,

                                                    _____

II. Una visita al médico

Fill in an appropriate expression in each of the blanks.

Es viernes por la tarde. María se encuentra con su amigo Pablo que está enfermo. María le recomienda que visite al médico.

1. **María:** ¡Hola! ¿ _____ ?
2. **Pablo:** No estoy bien.
3. **María:** ¿ _____ ?
4. **Pablo:** Tengo _____ y me duele _____.
5. **María:** Lo siento. ¡ _____ !
   ¿Por qué no _____ al médico?
6. **Pablo:** Buena idea. Yo _____ a llamar al médico ahora para hacer una cita.

   Pablo llama al médico por teléfono.

7. **Recepcionista:** ¡ _____ ! ¿ _____ habla?
8. **Pablo:** _____, Pablo Vega. Quiero _____ con el médico mañana.
9. **Recepcionista:** ¿Te parece bien a las tres?
10. **Pablo:** Sí, _____.

    Es sábado. Pablo llega a las tres a la consulta del médico.

11. **Recepcionista:** ¡Hola!, Pablo.
12. **Pablo:** Buenas _____, Srta. Gómez. ¿ _____ ?
13. **Recepcionista:** Muy bien, gracias. Siéntate, por favor.

85

ENRICHMENT, UNIT 8   NAME _____

II. (continued)

14. **Doctor:** Pablo, puedes pasar.

15. **Pablo:** ¡Estoy _____!

El médico examina muy bien a Pablo y le hace unas preguntas.

16. **Doctor:** Pablo, ¿cuántos exámenes tienes en la escuela la semana que viene?

17. **Pablo:** _____ cuatro, doctor.

18. **Doctor:** Pablo, tú _____ muy bien de salud. ¿Estás nervioso?

19. **Pablo:** Sí, doctor. Yo _____ muy nervioso cuando _____ muchos exámenes.

20. **Doctor:** No te preocupes *(don't worry)* y estudia mucho. ¡Buena suerte! *(Good luck!)*, Pablo.

21. **Pablo:** Muchas _____, doctor.

III. The verb "ir"

FIRST STUDY the following forms of the irregular verb *"ir"* in the present tense.

Yo **voy** a casa de mi amigo.   Nosotros **vamos** al juego de béisbol.
Tú **vas** al cine.
Ud. **va** a la iglesia.   Uds. **van** a la discoteca.
Él **va** a la biblioteca.   Ellos **van** a la fiesta.
Ella **va** al parque.   Ellas **van** a la tienda.

State **five** different places to which people you know go and the general time period in which they go there. **Examples:**

Mis amigos van al juego de fútbol **el domingo por la mañana.**
Yo voy a la biblioteca **después de las clases.**
Mi amiga y yo vamos a la tienda **durante el fin de semana.**
La señorita García va al trabajo **todos los días.**

Reminder: The forms of the infinitive *"ir"* must be followed by an *"a"*. The preposition *"a"* when followed by *"el"* must combine to form *"al"*.

1. _____
2. _____
3. _____
4. _____
5. _____

ENRICHMENT, UNIT 8   NAME_____

IV. Carlos Sánchez García

Read the following narration told by Carlos Sánchez García in which this Spanish teenager tells you about his school life and some of his leisure time activities. The first time read to understand the general meaning. The second time read to find the answers to the questions that follow the narration.

1 Me llamo Carlos Sánchez García. Soy de España. Nací en Granada, una ciudad muy bonita
2 que está a 433 kilómetros al sur de Madrid. Hace seis años que vivo en la capital, en la calle
3 Gran Vía, con mis padres, mi abuela, mis dos hermanas y mi hermano. Tengo 17 años. Mi
4 cumpleaños es el 15 de junio. Asisto a la misma escuela que Pedro, mi mejor amigo, y Teresa,
5 mi amiga norteamericana. La escuela se llama Instituto Miguel Ángel. Estudio literatura y
6 la lengua española, ciencias, inglés, historia y matemáticas. Mi clase favorita es ciencias. Me
7 gusta estudiar ciencias porque mi profesor enseña muy bien y quiero ser médico. La clase es
8 siempre interesante y quiero aprender todo lo que pueda. Hay cinco evaluaciones en el año y un
9 examen final. Generalmente los exámenes son difíciles pero estudio mucho para aprobarlos con
10 una nota buena. Los lunes y los miércoles antes de las clases estudio con Pedro. Él me ayuda en
11 matemáticas y yo le ayudo en ciencias.
12   También estudio con Teresa los jueves después de las clases. Otra clase que me gusta mucho es
13 inglés. El inglés es una lengua muy difícil. Teresa me ayuda con la pronunciación de inglés.
14 La clase es muy grande y no hay oportunidad para practicar mucho en la clase. Los martes y los
15 jueves a la hora de la comida Teresa y yo vamos a la cafetería para comer. Allí hablamos y tengo
16 la oportunidad de practicar inglés y aprendo mucho. Quiero visitar a Inglaterra durante las
17 vacaciones de verano para viajar y mejorar mi inglés. Después de las clases voy a la biblioteca y
18 hago mi tarea. Generalmente paso cuatro horas allí porque tengo que leer mucho para mis clases.
19 A las siete y media termina Pedro su trabajo y me encuentro con él en nuestra cafetería favorita
20 para charlar. Muchas veces Teresa viene también. Hablamos de todo: de la escuela, de los
21 deportes, de los amigos, y de nuestros planes para el futuro.
22   Durante el fin de semana hago muchas cosas diferentes. Los sábados por la mañana juego al
23 fútbol con un grupo de amigos de la escuela. A las dos voy a casa para comer con mi familia. Por la
24 tarde, después de la comida me encuentro otra vez con mis amigos, damos una vuelta y vamos al
25 cine o a una discoteca. Los domingos estudio para mis exámenes en casa. También me gusta
26 mirar un juego de fútbol en la televisión y escuchar música. Estoy muy contento con mis
27 estudios y mis actividades durante el fin de semana.

Vocabulario:

2. el kilómetro   *kilometer*   al sur de   *to the south of*
4. mismo(a)   *same*   la misma ... que ...   *the same ... as ...*
6. la lengua española   *Spanish language*
7. Quiero ser ...   *I want to be ...*   el médico   *doctor*
8. todo lo que pueda   *all that I can*   las evaluaciones   *tests*
9. generalmente   *generally*   para aprobarlos   *in order to pass them*
10. antes de   *before*

ENRICHMENT, UNIT 8   NAME _____

IV. (continued)

11. yo **le** ayudo   ... **him**
15. a la hora de la comida   *at the time of the main meal of the day (2:00 PM in Spain)*
16. Inglaterra   *England*   durante   *during*
17. mejorar   *to improve*
18. tengo que...   *I have to...*
19. terminar   *to finish*   nuestro(a)   *our*
20. charlar   *to chat*   venir   *to come:* él, ella viene
    de todo   ***about*** *everything:* todo   *all*
24. una vez   *once:* otra vez   *again*   a veces   *sometimes*
    dar una vuelta   *to take a walk*

Conteste las preguntas con una oración completa en español.

1. ¿De dónde es Carlos Sánchez García? _____
2. ¿Dónde está Granada? _____
3. ¿Con quiénes vive él? _____
4. ¿Cómo se llama el mejor amigo de Carlos? _____
5. ¿Quién es Teresa? _____
6. ¿Cuál es la clase favorita de Carlos? ¿Por qué? _____
   _____
7. ¿Cuántas evaluaciones hay en el año? _____
   _____
8. ¿Por qué estudia mucho para los exámenes? _____
   _____
9. ¿Cuándo estudia Carlos con Pedro? _____
   _____
10. ¿Es el inglés una lengua fácil o difícil? _____
11. ¿Hay muchos o pocos alumnos en la clase de inglés? _____
    _____
12. ¿Dónde hablan inglés Carlos y Teresa? _____
    _____
13. ¿Cuándo quiere Carlos visitar a Inglaterra? _____
    _____
14. ¿Cuántas horas pasa él en la biblioteca después de las clases? _____
    _____

ENRICHMENT, UNIT 8 NAME_____

IV. (continued)

15. ¿Dónde charlan Carlos, Pedro y Teresa muchas veces? _____
_____

16. ¿De qué *(about what)* hablan los tres amigos? _____
_____

17. ¿Qué hace Carlos los sábados por la mañana? _____
_____

18. ¿A qué hora va él a casa para comer con su familia? _____
_____

19. ¿Adónde van Carlos y sus amigos los sábados por la tarde? _____
_____

20. ¿Qué actividades hace Carlos los domingos? _____
_____

V. Mis pensamientos y sentimientos

Complete each of the following sentences to express your thoughts and feelings.

1. No tengo tiempo para _____
2. Siempre tengo tiempo para _____
3. El año que viene quiero _____
4. No puedo _____
5. Puedo _____
6. Me gusta _____
7. No me gusta _____
8. Me encanta _____
9. Me gustaría _____
10. Estoy nervioso(a) cuando yo _____
11. Cuando estoy enfermo(a) yo _____
12. No voy a ningún sitio cuando _____
13. Cuando necesito dinero yo _____
14. Estoy contento(a) cuando yo _____

ENRICHMENT, UNIT 8   NAME _____

VI. Guía del Ocio

Read the following page of *"Guía del Ocío"* and then answer the questions that follow.

Guía del Ocio

Nº 1.165 Año XXII • Del lunes 13 al domingo 19 de abril

La semana de Madrid

De Primera	6
Leonardo di Caprio es *El Hombre de la Máscara de Hierro* 6	
Más Madrid	**8**
Barcelona-Madrid, Boadella frente a Berlanga 8	
Procesiones de Semana Santa 13	
Ferias de Madrid	**14**
Feria Internacional del Mueble 14	
Música	**16**
Backstreet Boys 16	
Discos 17	
Clásica: El Real estrena *La zorrita astuta*, de Janácek 18	
Conciertos de la semana 19	
Arte	**25**
Arte joven: Rosalía Banet ...25	
Exposiciones y Museos 26	
Tarde y Noche	**35**
Noticias 36	
Los estilos de la noche 36	
Locales de la A a la Z 37	
Aire Libre	**56**
A Saber	**58**
Cine	**65**
Eastwood dirige *Medianoche en el jardín del bien y del mal*...65	
Estrellas de Guía 66	
Crítica: *En compañía de hombres* 67	
Estrenos de la semana 68	
Películas en cartel 70	
Salas de Madrid 78	
Salas de la Comunidad 85	
Filmoteca......................89	
Teatro	**90**
El barco *San Juan* de Max Aub llega al María Guerrero 90	
Críticas: *Soy Fea* y *Mum* 93	
Estrenos 94	
Estrellas de Guía del Ocio y Obras en Cartel...............96	
Teatros de Madrid 97	
Salas alternativas 104	
Restaurantes	**107**
Especialidades 109	
Abiertos en domingo 111	
Restaurantes de la A a la Z 114	
Comer fuera de Madrid 142	
Televisión	**146**
Niños	**160**
Libros	**165**
Ocioteca	**166**

A. Fill in the blank with the letter that represents the correct answer.

1. What is **Guía del Ocio**? _____.

   a. a travel brochure   c. the yellow pages
   b. an entertainment guide   d. an advertisement

2. For which date would this magazine have helpful information? _____

   a. April 12   c. May 19
   b. November 13   d. April 18

3. For which city is this magazine published? _____

   a. the capital of Mexico   c. the capital of Spain
   b. the capital of Puerto Rico d. the capital of Argentina

B. **On what page** would you find the following information?

4. films in the movies   _____

5. concerts   _____

6. museums   _____

7. theaters   _____

8. children's entertainment   _____

9. Holy Week processions   _____

10. restaurants open on Sunday _____

ENRICHMENT, UNIT 8   NAME _____

VII. Juego de descubrimiento

1. Each partner will write **six** activities s/he most likes to do chosen from the list below.
2. Partners will take turns asking their opponent ¿Te gusta ...?
3. Partners will answer according to what they have written on their papers: Sí, me gusta... or No, no me gusta....
4. The partner who asks the question will write his/her partner's Sí or No in the space on the sheet next to the appropriate activity.
5. When one partner has guessed all six of the other's answers, that partner wins the game.

Choose six activities you like to do from the list below.

1. Me gusta _____   4. Me gusta _____

2. Me gusta _____   5. Me gusta _____

3. Me gusta _____   6. Me gusta _____

Sí or No is to be recorded before each activity according to your partner's answers:

_____ tocar la guitarra   _____ montar a caballo

_____ esquiar   _____ ir a la playa

_____ jugar al tenis   _____ leer

_____ cocinar   _____ mirar la televisión

_____ montar en bicicleta   _____ correr

_____ nadar   _____ escribir cartas

_____ patinar sobre hielo   _____ ir a las fiestas

_____ ir al cine   _____ escuchar música

_____ cantar   _____ viajar

_____ comer   _____ bailar

_____ trabajar   _____ ir a las fiestas

_____ hablar por teléfono   _____ jugar al baloncesto

Vocabulario:

montar a caballo   *to ride horseback*
patinar   *to skate*
    patinar sobre hielo   *to ice skate*

SITUACIONES ORALES, UNIT 8   NAME_____

    A. **Function:** Expressing feelings
       Roles: I am your friend.
       Purpose: We are discussing the merits of various sports. You will begin by telling which sport is your favorite.

1. **Tú:** _____

   Amigo(a): ¿Por qué es tu deporte favorito?

2. **Tú:** _____

   Amigo(a): ¿Cuándo juegas ...?

3. **Tú:** _____

   Amigo(a): ¿Dónde juegas...?

4. **Tú:** _____

   Amigo(a): ¿Con quién juegas ...?

5. **Tú:** _____

   Amigo(a): Me gusta ese deporte también.

    B. **Function:** Socializing
       Roles: I am a teenager your age and we have just met at a party.
       Purpose: I want to find out if we have the same interests. I will begin the conversation.

1. **Un(a) joven:** ¿Qué te gusta hacer en tu tiempo libre?

   Tú: _____

2. **Un(a) joven:** ¿Qué te gusta más ... o ...?

   Tú: _____

3. **Un(a) joven:** ¿Qué haces durante el fin de semana?

   Tú: _____

4. **Un(a) joven:** ¿Con quién...?

   Tú: _____

5. **Un(a) joven:** ¿Adónde vas durante las vacaciones de verano?

   Tú: _____

6. **Un(a) joven:** Yo voy allí también.

    C. **Function:** Socializing
       Roles: I am your friend. I have been very sick and you are visiting me.
       Purpose: You start the conversation by finding out how I feel. Then you can tell me what is going on.

    D. **Function:** Providing and obtaining information
       Roles: I am your doctor and you are my patient.
       Purpose: You come to my office because you're not feeling well. I will begin.

CORRECTIVE, UNIT 9   NAME_____

I. Topic: *La comida y la bebida*

A. FIRST STUDY pages 219–230, Aim Ia–Id.

B. Write next to each of the following foods and drinks the category to which each belongs. The five categories to choose from are: *la carne, los vegetales, las frutas, los postres* and *las bebidas*.

1. el perro caliente _____
2. la lechuga _____
3. el agua _____
4. la ternera _____
5. el maíz _____
6. la torta _____
7. las fresas _____
8. el jugo de naranja _____
9. el cordero _____
10. el chocolate caliente _____
11. la leche _____
12. la zanahoria _____
13. la chuleta de cerdo _____
14. el helado _____
15. el pastel _____
16. las judías verdes _____
17. el refresco _____
18. el pollo _____
19. las uvas _____
20. el jamón _____

C. Your teacher or peer partner will state five foods/drinks. After the second repetition, write the category to which each food or drink belongs.

1._____ 2._____ 3._____ 4._____ 5._____

II. Topic: *El cubierto*

A. FIRST STUDY Aim V, pages 237–239. Then write in a complete sentence the one item you are missing in each place setting as if you were seated at the table.

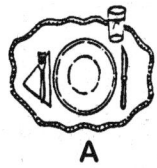 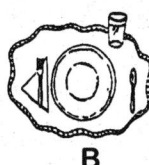  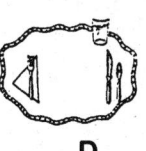  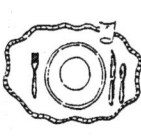

A   B   C   D   E   F

A. _____
B. _____
C. _____
D. _____
E. _____
F. _____

CORRECTIVE, UNIT 9   NAME_____

III. Topic: *La respuesta adecuada*

A. FIRST READ *Lectura, Parte I* and *Parte II* of Aim VIa, pages 240–242 and *Lectura, Parte I* and *Parte II* of Aim VIb, pages 244–247. Then review the *Vocabulario* of each part.

B. Write the English meaning of each of the following frequently used expressions in Spanish.

1. Hace mucho tiempo que no te veo. _____
2. Estoy cansado(a) de trabajar. _____
3. ¿Por qué no comes con nosotros? _____
4. Quiero presentarte a mi amigo(a). _____
5. ¿Dónde está el servicio? _____
6. Yo no sé. _____
7. No tengo reloj. _____
8. Es hora de comer. _____
9. Está bien. _____
10. Mucho gusto. _____
11. Encantado(a). _____
12. Vamos a entrar. _____
13. Vamos a salir. _____
14. a la derecha _____
15. a la izquierda _____
16. ¡Buen provecho! _____
17. Igualmente. _____
18. ¡Oiga! _____
19. Lo siento. _____
20. ¿Qué te parece ...? _____
21. Me encanta ... _____
22. Me gustaría. _____

C. Write **two appropriate responses** to each of the questions or statements that follow.

1. **Carlos:** ¿Qué hora es?

   Mercedes: _____   **Antonio:** _____

2. **Pablo:** Es hora de comer.

   Pilar: _____   **Felipe:** _____

3. **Juan:** Quiero presentarte a mi amigo Roberto.

   José: _____   **Roberto:** _____

4. **Carmen:** ¿Por qué no comes con nosotros?

   Teresa: _____   **Raquel:** _____

CORRECTIVE, UNIT 9   NAME _____

IV. Topic: *Las comidas y las bebidas*

A. FIRST STUDY Aim II, pages 230–232, Aim III, pages 233–234 and Aim IV, pages 234–236.

B. Answer each of the following questions with **your own answer** after reading how another person responded.

1a. **Srta. Gómez:** ¿Tiene Ud. hambre?
    Sr. Morales: No, no tengo hambre.

    Ud.: _____

1b. **Ana:** ¿Tienes sed?
    José: Sí, tengo mucha sed.

    Tú: _____

2a. **Srta. Gómez:** ¿Qué come Ud. cuando tiene hambre?
    Sr. Morales: Cuando tengo hambre como un sándwich de queso.

    Ud.: _____

2b. **Ana:** ¿Qué bebes cuando tienes sed?
    José: Cuando tengo sed bebo agua.

    Tú: _____

3a. **Srta. Gómez:** ¿Qué le gusta más, el pescado frito o el pollo frito?
    Sr. Morales: Me gusta más el pescado frito.

    Ud.: _____

3b. **Ana:** ¿Qué te gusta más, la manzana o la pera?
    José: Me gusta más la pera.

    Tú: _____

4a. **Srta. Gómez:** ¿Qué prefiere Ud., la ternera o el biftec?
    Sr. Morales: Prefiero la ternera.

    Ud.: _____

4b. **Ana:** ¿Qué prefieres, el pudín o el helado?
    José: Prefiero el pudín.

    Tú: _____

5a. **Srta. Gómez:** ¿Qué come Ud. para el almuerzo?
    Sr. Morales: Para el almuerzo como un sándwich de atún.

    Ud.: _____

5b. **Ana:** ¿Qué comes para la cena?
    José: Para la cena como arroz con pollo.

    Tú: _____

CORRECTIVE, UNIT 9   NAME _____

IV. (continued)

6a. **Srta. Gómez:** ¿Cuál es su postre favorito?
    Sr. Morales: Mi postre favorito es el pastel de manzana.

   Ud. _____

6b. **Ana:** ¿Cuál es tu sopa favorita?
    José: Mi sopa favorita es la sopa de pescado.

   Tú: _____

7a. **Srta. Gómez:** ¿A qué hora toma Ud. el almuerzo?
    Sr. Morales: Tomo el almuerzo a la una y cuarto.

   Ud.: _____

7b. **Ana:** ¿A qué hora tomas la cena?
    José: Tomo la cena a las siete y media.

   Tú: _____

8a. **Sr. Gómez:** ¿Con quién toma Ud. el desayuno?
    Sr. Morales: Tomo el desayuno solo.

   Ud.: _____

8b. **Ana:** ¿Con quién tomas el almuerzo?
    José: Tomo el almuerzo con mi amigo Pablo.

   Tú: _____

9a. **Srta. Gómez:** ¿Dónde toma Ud. el almuerzo?
    Sr. Morales: Tomo el almuerzo en la cafetería del trabajo.

   Ud.: _____

9b. **Ana:** ¿Dónde tomas la cena?
    José: Tomo la cena en el comedor.

   Tú: _____

CORRECTIVE, UNIT 9   NAME _____

V. Topic: *En un restaurante español*

    A. FIRST READ the menu on page 249 carefully.

    B. Answer the following questions about the menu in English.

1. How many pesetas does veal with peas cost? _____
2. What is the most expensive vegetable? _____
3. How many kinds of soups are served? _____
4. How much does cheese cost? _____
5. What is the least expensive fish? _____
6. How much does an omelette with ham cost? _____
7. How are the string beans served? _____
8. During what hours does this restaurant serve the dinner meal? _____
9. How much will you be charged for bread and butter? _____
10. Would you save money by ordering the menu of the house? _____
11. During what seasons of the year is this menu available? _____
12. Are the service charges and the taxes (I.V.A.) included in the price of the meal? _____

VI. Topic: *¿Cuánto cuesta?*

    A. FIRST STUDY the numbers in Aim VIII, pages 250–251.

    B. Fill in the blank with the cost of each dish from the menu on Text page 249 **in Spanish words.**

1. La ensalada riojana cuesta _____ pesetas.
2. La tortilla de jamón cuesta _____ pesetas.
3. La merluza frita cuesta _____ pesetas.
4. La ternera con guisantes cuesta _____ pesetas.
5. El solomillo cuesta _____ pesetas.
6. La tarta de limón cuesta _____ pesetas.
7. El helado cuesta _____ pesetas.
8. La ensalada Botín cuesta _____ pesetas.
9. Medio pollo asado cuesta _____ pesetas.
10. El cordero asado cuesta _____ pesetas.

ENRICHMENT, UNIT 9   **NAME** _____

I. Los menús

Make up dinner menus in Spanish for the following people. Each menu must have three foods and a beverage.

1. una persona que **le encanta** comer   *(loves to ...)*
2. una persona que **está de dieta**   *(is on a diet)*
3. un vegetariano   *(a vegetarian)*
4. un atleta   *(an athlete)*
5. un español
6. un norteamericano

Menú 1

_____

_____

_____

_____

Menú 2

_____

_____

_____

_____

Menú 3

_____

_____

_____

_____

Menú 4

_____

_____

_____

_____

Menú 5

_____

_____

_____

_____

Menú 6

_____

_____

_____

_____

ENRICHMENT, UNIT 9   NAME _____

II. Squares

A. Game One: Write any food or drink to make a meaningful sentence.

Me gusta comer pan con _____.	De postre me gusta más _____.	Cuando hace calor bebo _____.
Cuando hace frío bebo _____ _____.	Para el desayuno como _____ _____.	Mi vegetal favorito es _____.
Mi fruta favorita es _____.	Me gusta un sándwich de _____.	En un restaurante prefiero comer _____.

B. Game two: Write the appropriate part of the place setting.

Mi abuela sirve la comida en un _____.	La Sra. Ramos come pescado con _____.	Camarero, me falta la pimienta y la _____.
Miguel bebe un refresco en un _____.	Mi padre pone un _____ sobre la mesa.	Pablo come cereal con una _____.
La Srta. Soto se limpia con una _____.	Rosa corta pollo con un _____.	El Sr. Rodríguez bebe té en una _____.

Vocabulario:

　　el mantel   *tablecloth*

ENRICHMENT, UNIT 9   NAME _____

III. Las costumbres de comer en España

1 Los españoles toman el desayuno entre las siete y las ocho de la mañana en casa o en una
2 cafetería. Generalmente consiste en café con leche y pan con mantequilla o chocolate caliente
3 con churros. Entre las diez y las once toman un tentempié que consiste en un bocadillo y una
4 bebida.
5 Muchas familias mantienen la costumbre de comer a las dos de la tarde en casa. Esta
6 comida consiste en dos platos principales, pan, postre y una bebida. Entre las siete y las nueve
7 muchos españoles van a una cafetería o a un bar para tomar tapas. Generalmente los
8 españoles toman la cena a las diez de la noche. Consiste en una sopa, tortilla u otro plato
9 ligero, pan y postre.

Vocabulario:

1: los españoles *the Spaniards*   entre *between*
3: churros *Fritters made of a dough of water, flour and salt which are pressed into long ridged pencil shapes; some are fried in the pencil shape while others are looped into circles and then fried. Churros are traditionally eaten with a cup of thick hot chocolate.*
   un tentempié *a snack*   un bocadillo *a hero-type sandwich*
5: mantener la costumbre *to maintain the custom*
7: un bar *The bars of Spain serve a variety of food and drinks. They are frequented by both men and women and many, unlike the United States, are family oriented.*
   tapas *Tapas consist of a small portion of food or hors d'oeuvres served in Spanish bars. Up to a dozen or more casserole dishes are placed on top of the counters, and their contents vary depending on the region of the country. In Castile one finds items such as fresh mushrooms sauteed in olive oil with garlic, blood sausage, marinated anchovies, Spanish omelettes and olives. In seaside cities such as Barcelona and Valencia all varieties of seafood line the bar: mussels, squid, octopus and shrimp. Tapas are eaten while standing at the bar and are accompanied by wine.*

A. Match the time of day with the meal or snack most likely to be eaten in Spain.

1. Toman tapas   _____   a. a las siete de la mañana.
2. Toman la comida (principal) _____   b. a las once de la mañana.
3. Toman el desayuno   _____   c. a las dos de la tarde.
4. Toman la cena   _____   d. a las ocho de la tarde.
5. Toman un tentempié   _____   e. a las diez de la noche.

B. Match the meal with its appropriate combination of food and drink.

6. el desayuno   _____   f. dos platos principales, pan, postre, una bebida
7. el tentempié   _____   g. un plato ligero, pan, postre, una bebida
8. la comida   _____   h. café con leche y pan con mantequilla
9. las tapas   _____   i. un bocadillo y una bebida
10. la cena   _____   j. pequeñas porciones de comida

ENRICHMENT, UNIT 9   NAME _____

IV. En un restaurante español

*Read the following story and dialogue carefully **two times**. The first time read to understand the general meaning. The second time read to find the answers to the questions that follow the narration.*

1 Hoy es viernes, el 19 de mayo. Carlos, un muchacho de quince años, está muy contento.
2 ¿Por qué? Hay muchas razones. Mañana no hay clases y él va a una fiesta por la noche. A él
3 le gusta mucho bailar. Tiene muchas amigas y todas desean bailar con él en las fiestas.
4 También toca la guitarra muy bien y a todo el mundo le gusta cantar cuando toca.
5 Carlos es un joven que vive en Madrid, la capital de España. De lunes a viernes él asiste
6 al colegio Miguel Ángel. Es un alumno muy bueno y saca buenas notas porque estudia mucho.
7 Él quiere ser abogado. En su tiempo libre juega al fútbol y lee muchos libros. También escribe
8 muchas cartas y tarjetas postales a sus amigos que viven en otras partes de España y recibe
9 muchas cartas de ellos. Hoy por la tarde recibe una carta de uno de sus mejores amigos, José.
10 Carlos abre la carta y la lee rápidamente. Después de leer la carta, él se pone muy contento.
11 José viene a visitarlo mañana por dos días. Así, los dos buenos amigos van a ir a la fiesta
12 juntos.
13 El domingo es el cumpleaños de Carlos. Siempre recibe muchos regalos por su cum-
14 pleaños. Toda su familia, sus padres, sus abuelos, y una tía que vive en casa, sus dos her-
15 manas, su hermano y José van a un restaurante famoso para celebrarlo. Para llegar allí viajan
16 por diez minutos en coche. El restaurante se llama Antigua Casa Sobrino de Botín; está en la
17 calle Cuchilleros, número 17. Todos entran en el restaurante a las dos de la tarde y se sientan
18 a una mesa muy grande reservada por el padre.
19 **El padre:** ¿Qué vamos a comer? Dicen que toda la comida es muy buena aquí.
20 **El abuelo:** Hay mucha gente en el restaurante hoy.
21 **Camarero:** Hoy y todos los días. Hace veinte años que trabajo aquí y todo el mundo tiene su
22   plato favorito. ¿Qué desean Uds. comer de primero?
23 **Carlos:** De primero deseo comer gazpacho que es mi sopa favorita. Voy a ver si es tan bueno
24   como el que prepara mi madre.
25 **Camarero:** ¿Y de segundo?
26 **Carlos:** De segundo deseo cochinillo asado.
27 **Camarero:** ¿Y para beber?
28 **Carlos:** Una Coca-Cola. De postre voy a comer flan.
29 El resto de la familia y José piden al camarero sus platos favoritos. Pasan dos horas. Todos
30 comen muy bien y están muy satisfechos.
31 **El padre:** Camarero, la cuenta, por favor.
32 **Camarero:** Sí, señor.
33 Todos salen del restaurante de buen ánimo y deciden caminar por la Plaza Mayor que
34 está cerca del restaurante. Hace buen tiempo y Carlos y José hablan de la buena comida que
35 acaban de comer, de sus equipos favoritos de fútbol y de sus planes para el verano.

ENRICHMENT, UNIT 9   NAME _____

IV. (continued)

Vocabulario:

2. la razón   *reason*
4. todo el mundo   *everybody*
5. de ... a ...   *from ... to ...*
6. colegio   *private high school*
8. tarjetas postales   *postcards*
    otro(a)   *other*
10. abrir   *to open*
    él **la** lee   *reads **it***
11. **viene** a visitar**lo**
    is coming** to visit **him
    así   *thus*
12. juntos   *together*
13. el regalo   *present*
15. para llegar **allí**   *to arrive **there***
16. en coche   *by car*

17: todos   *everybody*
    se sientan   *they sit down*
20: Hay mucha **gente** ...   *There are many **people** ...*
23: tan bueno como   *as good as*
24: el que   *the one that*
30: estar satisfecho   *to be satisfied*
33: de buen ánimo   *in good spirits*
35: **acaban de** comer   ***they have just** eaten*

A. Cierto o Falso. If the statement is true, write *Cierto*. If the statement is false, write *Falso* and rewrite the statement, correcting the bold portion.

1. Carlos va a una fiesta **el viernes**. _____
2. Él **canta** mucho en las fiestas. _____
3. Saca **malas** notas en la escuela. _____
4. Él vive en la capital de **España**. _____
5. Quiere ser **médico**. _____
6. A Carlos le gusta **escribir cartas**. _____
7. José pasa **el fin de semana** con Carlos. _____
8. Carlos y toda la familia van a **una fiesta** para celebrar el cumpleaños de Carlos.
   _____

B. Conteste las preguntas con una **oración completa** en español.

1. ¿Cuántos años tiene Carlos? _____
2. ¿Con quién baila él en las fiestas? _____
3. ¿Dónde vive Carlos? _____
4. ¿Por qué saca buenas notas en la escuela? _____

ENRICHMENT, UNIT 9 NAME_____

IV. (continued)

5. ¿Qué hace Carlos en su tiempo libre? _____
_____

6. ¿De quién *(from whom)* recibe él muchas cartas? _____
_____

7. ¿Por qué se pone contento Carlos? _____
_____

8. ¿Cuántas personas hay en la familia de Carlos? ¿Quiénes son? _____
_____
_____

9. ¿Cómo viajan al restaurante? _____
_____

10. ¿A qué hora entran en el restaurante? _____
_____

11. ¿Cómo es la comida en el restaurante? _____
_____

12. ¿Cuál es la sopa favorita de Carlos? _____
_____

13. ¿Qué come él de postre? _____

14. ¿Cuántas horas pasan todos en el restaurante? _____
_____

15. ¿Qué deciden hacer después de salir del restaurante? _____
_____

16. ¿Qué tiempo hace el domingo 21 de mayo? _____
_____

17. ¿De qué *(about what)* hablan Carlos y José? _____
_____

ENRICHMENT, UNIT 9 NAME _____

V.

Pizzas para llevar

Todos nuestros productos son para llevar, llámenos con 15 minutos de antelación y cuando Vd. llegue tendremos su pedido caliente y preparado. Solicite una carta para tenerla siempre al lado de su teléfono.

Priazzo™ Pastel Italiano que rellenamos con sus favoritos ingredientes italianos y exquisitamente cumplimentados con nuestra sabrosa salsa ¡única! Todo el pastel está cubierto con abundante queso y cocinado en el horno a su punto. Le ofrecemos Priazzo en tres deliciosas combinaciones. Mire dentro de este Menú para más información.

Underline six words in the above advertisement and write the English cognate for each.

_____
_____
_____
_____
_____
_____

1. Why does the McDonald's ad say that the Big Mac is <u>very</u> large?

_____
_____
_____

2. What is added to the Big Mac to make it "big?"

_____
_____
_____

Big Mac™

¿Te apetece comer algo grande?

Te ofrecemos algo grande. El Big Mac™ no lleva una, lleva dos hamburguesas de pura carne 100% de vacuno, lechuga, rodajas de pepinillo, cebolla, queso y nuestra deliciosa salsa especial, en pan tostado al punto, con semillas de sésamo.

Así es el Big Mac™ de McDonald's™. Buenísimo.

Siéntete a gusto en McDonald's™

SITUACIONES ORALES, UNIDAD 9   NAME_____

    A. Function: Persuasion
       Roles: We are friends.
       Purpose: You want to convince me to go to a particular place to eat. I will begin.

1. **Amigo(a):** Vamos a comer. ¿Adónde quieres ir?

   Tú: _____

2. **Amigo(a):** ¿Por qué te gusta ese restaurante?

   Tú: _____

3. **Amigo(a):** ¿Cómo es la comida?

   Tú: _____

4. **Amigo(a):** ¿Cuál es tu comida favorita allí?

   Tú: _____

5. **Amigo(a):** ¿Cuánto cuesta la comida?

   Tú: _____

6. **Amigo(a):** ¿Dónde está ese restaurante?

   Tú: _____

    B. Function: Socializing
       Roles: You are a new student in my school.
       Purpose: You want to find out about lunch at school. You will begin the conversation by introducing yourself.

1. **Tú:** ¿_____?

   Yo: Me llamo ...

2. **Tú:** ¿_____?

   Yo: Tomo el almuerzo a los doce y media.

3. **Tú:** ¿_____?

   Yo: Tomo el almuerzo en la cafetería.

4. **Tú:** ¿_____?

   Yo: Tomo el almuerzo con mis amigos.

5. **Tú:** ¿_____?

   Yo: Me gusta más la hamburguesa con papas fritas.

6. **Tú:** ¿_____?

   Yo: Sí, me gustaría comer contigo *(with you)* hoy.

    C. Function: Providing and obtaining information
       Roles: You are a diner in a Spanish restaurant and I am your waiter/waitress.
       Purpose: You wish to order dinner. You will begin by getting my attention.

CORRECTIVE, UNIT 10   NAME_____

I. Topic: *La ropa*

A. FIRST STUDY Aim I, page 255, Aim II, page 258 and *Vocabulario,* page 260.

B. Write the name of each article of clothing or accessory next to the corresponding letter.

A. _____	H. _____	O. _____
B. _____	I. _____	P. _____
C. _____	J. _____	Q. _____
D. _____	K. _____	R. _____
E. _____	L. _____	S. _____
F. _____	M. _____	T. _____
G. _____	N. _____	U. _____

C. Your teacher or peer partner will state the names of seven articles of clothing or accessories. After the second repetition, write the letter which corresponds to what you hear.

1.____   2. ____   3. ____   4. ____   5. ____   6. ____   7. ____

CORRECTIVE, UNIT 10   NAME_____

I. *(continued)*

D. FIRST STUDY Aim II, page 258, *Práctica oral 2.* Next complete the following statements with one or more appropriate articles of clothing or accessories.

1. Cuando hace mucho frío mi tío lleva _____ y _____.
2. Cuando hace mucho calor Ana lleva _____ y _____.
3. Cuando llueve mi tío lleva _____ y _____.
4. Cuando José va a la playa él lleva _____ y _____.
5. Cuando Ana va a una boda ella lleva _____ y _____.
6. Cuando mi tía va de compras ella lleva su _____.
7. Cuando mi amigo juega a los deportes él lleva _____.
8. Cuando Carlos va a su graduación él lleva _____ y _____.

II. Topic: ¿Qué ropa llevas hoy? / ¿Y de qué color ...?

A. FIRST STUDY Aim III, pages 261–262. Next read each of the following statements. If the statement is true, write *Cierto;* if the statement is false, write *Falso* and correct the bold part.

1. La pizarra es **negra**. _____
2. La tiza es **roja**. _____
3. El papel es **blanco**. _____
4. El árbol es **marrón**. _____
5. La lechuga es **rosada**. _____
6. La pera es **amarilla**. _____
7. La zanahoria es **verde**. _____
8. Mi color favorito es el **azul**. _____

¿Qué ropa llevas hoy? *(Write four articles of clothing you are wearing and the color of each article.)*

_____

_____

III. Topic: *Los colores* (Noun-Adjective Agreement)

A. FIRST STUDY *Práctica oral 3,* page 262 and read the examples given in the *Actividad 1a. and 1b.,* page 263.
B. Write the correct form of the adjective in parentheses in each sentence.

1. Mi tía lleva una blusa _____. (rosado)
2. Mi padre lleva un sombrero _____. (negro)
3. Mis amigos llevan camisas _____. (blanco)
4. Mis hermanas llevan vestidos _____. (rojo)
5. Mi hermano lleva un traje _____. (gris)
6. Juan y José llevan corbatas _____. (azul)
7. Ana y Carmen llevan abrigos _____. (verde)

CORRECTIVE, UNIT 10   NAME _____

IV. Topic: *Unas conversaciones por teléfono*

  A. FIRST STUDY Aim I, *Práctica oral 2*, page 256 and *Vocabulario*, page 260.
  Then write the **English meaning** of the following frequently used expressions.

1. ¡Buena idea! _____
2. Gracias. _____
3. ¡Que lo pases bien! _____
4. ¡Qué suerte! _____
5. ¡Que te mejores pronto! _____
6. ¡Cuánto lo siento! _____
7. No puedo... _____
8. Yo necesito... _____
9. ¿Por qué no vamos de compras? _____
10. ¿Por qué no vamos al cine? _____
11. De nada. _____
12. ¡Cuánto me alegro! _____
13. ¡No te preocupes! _____
14. ¡Caramba! _____
15. Tienes razón. _____
16. Vamos a caminar. _____
17. No puedo ir. _____
18. Te lo agradezco. _____

  B. Write an appropriate response from the choices given above to each of the following beginnings of telephone conversations.

1. Soy yo, Elena. Mi madre está enferma. Está en el hospital.
   _____

2. Soy yo, Juan. El traje cuesta trescientos ochenta dólares.
   _____

3. Soy yo, Raúl. Tengo dos meses de vacaciones.
   _____

4. Soy yo, Bárbara. No puedo ir a la fiesta. Tengo fiebre.
   _____

5. Soy yo, María. Voy a la fiesta de graduación con Pedro.
   _____

6. Soy yo, Carlos. ¿Por qué no vamos al cine? La película es buena. *(Express approval.)*
   _____

7. Soy yo, Ana. No puedo ir de compras. No tengo bastante dinero.
   _____

CORRECTIVE, UNIT 10   NAME _____

V. Topic: *La posesión*

    A. FIRST STUDY Aim IV, pages 264–265.

    B. Answer the following questions according to the cues given. What word do we use to express possession in Spanish? _____

1. ¿De quién es esa casa? (la Sra. Soto)

2. ¿De quién es este abrigo? (mi hermano)

3. ¿De quién es ese coche? (el profesor)

4. ¿De quién es esta chaqueta? (Carmen)

5. ¿De quién son esos zapatos? (mi hermana)

6. ¿De quién son esas plumas? (Roberto)

7. ¿De quién son estos libros? (el Sr. Pérez)

VI. Topic: *Preguntas generales: "Ir de compras"*

    A. FIRST STUDY Aim V, page 266–267 and *Vocabulario,* page 268.

    B. Answer the following questions with a complete sentence in Spanish.

1. ¿Le gusta ir de compras? ¿Por qué? _____

2. ¿Con quién va Ud. de compras? _____

3. ¿Cuándo va Ud. de compras? _____

4. ¿Cómo va Ud. a las tiendas? _____

5. ¿Dónde compra Ud. la ropa? ¿Por qué compra Ud. la ropa allí? _____

CORRECTIVE, UNIT 10   NAME_____

VII. Topic: *Ir de compras*

A. FIRST READ Aim VIb, pages 274–275 and STUDY *Vocabulario,* page 276.
B. Write out the following dialogue in Spanish using the cues given.

1. **Dependiente:** _____
   Ask "How can I help you?"

2. **Cliente:** _____
   Say "I want to buy a suit."

3. **Dependiente:** _____
   Ask "What size do you wear?"

4. **Cliente:** _____
   Answer the question.

5. **Dependiente:** _____
   Ask "What color?"

6. **Cliente:** _____
   Answer the question followed by "please."

7. **Dependiente:** _____
   Say "Here it is."

8. **Dependiente:** _____
   Ask "Do you like it?"

9. **Cliente:** _____
   Say "It's very pretty."

10. **Cliente:** _____
    Ask "How much does it cost?"

11. **Dependiente:** _____
    Say "The price is not expensive."

12. **Dependiente:** _____
    Say "It costs 16.500 pesetas."

13. **Cliente:** _____
    Say "It's fine. I'll buy it."

14. **Dependiente:** _____
    Ask "Are you going to pay in cash or with a credit card?"

15. **Cliente:** _____
    Say "With a credit card."

16. **Dependiente:** _____
    Ask "Do you wish anything else?"

17. **Cliente:** _____
    Say "Nothing else. Thank you."

ENRICHMENT, UNIT 10   NAME _____

I. La ropa

Fill in each blank with the appropriate part of the body, article of clothing or accessory.

1. Llevamos el sombrero en la _____.
2. Llevamos los zapatos en los _____.
3. Cuando hace mucho frío llevamos guantes en las _____.
4. Cuando llueve llevamos el _____ en la mano.
5. Cuando hace mucho frío las personas llevan un _____.
6. Cuando hace mucho calor las personas llevan las _____ en los pies para ir a la playa.
7. Los hombres llevan un _____ y las mujeres llevan un _____ cuando van a las bodas.
8. Llevamos la mochila *(back pack)* en la _____.
9. Llevamos las _____ de sol cuando hace mucho sol.
10. Llevamos un anillo *(ring)* en el _____.
11. Llevamos el _____ en la cintura *(waist)*.
12. Los jóvenes llevan una camisa con una _____ cuando van a una graduación.
13. Cuando jugamos al baloncesto llevamos los _____ en los pies.
14. Las mujeres llevan las medias *(stockings)* en las _____.

ENRICHMENT, UNIT 10   NAME _____

II. Mis vacaciones en la capital de Argentina

You have decided to spend two weeks this summer in Buenos Aires. What clothes and accessories are you going to take with you on this trip? To prepare for this trip you request a travel brochure from the Argentine travel office. You discover that our summer is their winter. Write a list in Spanish of at least 12 items you are going to take with you and the number of each item.

1. _____   7. _____
2. _____   8. _____
3. _____   9. _____
4. _____   10. _____
5. _____   11. _____
6. _____   12. _____

III. Mis vacaciones en España

You have decided to spend two weeks in Spain the following summer. After reading the brochure that you requested from the Spanish Tourist Office you decide to spend a week in the capital, Madrid, and a week at the beach on the *Costa del Sol* in the town of Torremolinos. What clothing and accessories are you going to take with you on this trip? Write a list in Spanish of 12 items and indicate how many of each item you plan to take.

1. _____   7. _____
2. _____   8. _____
3. _____   9. _____
4. _____   10. _____
5. _____   11. _____
6. _____   12. _____

Vocabulario:

una bufanda   *scarf*
un par de botas   *a pair of boots*
una cámara   *a camera*
un par de pijamas   *a pair of pajamas*
un suéter **de lana**   *a **woolen** sweater:* dos suéteres
la ropa interior   *underwear*
un vestido **de algodón**   *a **cotton** dress*
una blusa **de seda**   *a **silk** blouse*
una chaqueta **de cuero**   *a **leather** jacket*

ENRICHMENT, UNIT 10 NAME_____

IV. El Corte Inglés

After reading this advertisement from *El Corte Inglés,* answer the questions which follow.

Aproveche ¡YA! las ventajas de agosto

Adelantamos en julio los precios increíblemente rebajados de agosto.
En **moda, ropa de casa, menaje.** Y además el **Mes del Mueble.**
Todo lo que necesita para equiparse al completo antes de salir de vacaciones.
Haga su agosto ¡YA! en El Corte Inglés.

SEÑORAS
Faldas y blusas, lisas y estampadas	**2.995**
Camisetas estampadas, algodón	**1.995**
Bañadores en lycra.	**1.995**
Zuecos italianos en fantasía	**1.595**
Pareos estampados, 120 x 160 cms.	**1.495**
Pamelas y sombreros de paja	**375**

CABALLEROS
Trajes frescos	**14.995**
Pantalones vaqueros y sport	**1.795**
Camisas polo	**1.595**
Bañadores	**1.995**
Mocasines en piel de búfalo	**3.995**

JÓVENES-ELLA
Camisetas lisas y estampadas, algodón	**1.395**
Bermudas lisas en algodón	**1.995**
Bikinis lisos y fantasía	**1.495**

JÓVENES-ÉL
Pantalones vaqueros y sport	**1.695**
Camisas lisas y fantasía	**1.595**
Bañadores bermudas y shorts	**1.595**

NIÑOS
Camisetas para niños y niñas	**595**
Bañadores bermudas y súper bermudas	**1.695**
Playeras de colores	**595**
Juego "Súper Golf", 18 hoyos	**3.995**

PARA TODOS
Toallas de playa, algodón	**1.595**
Conjunto de mesa, sillones y sombrilla para camping	**8.995**
Colchón neumático	**1.395**
Zapatillas tenis "Adidas"	**2.995**

EN AGOSTO MÁS REBAJAS ▶ *El Corte Inglés*

ENRICHMENT, UNIT 10 NAME _____

IV. (continued)

Circle the correct letter for each answer.

1. The clothes advertised are principally
   - a) for winter
   - b) for vacation
   - c) for work
   - d) for a wedding

2. Skirts and blouses for women cost
   - a) 3.995 pesetas
   - b) 1.395 pesetas
   - c) 1.995 pesetas
   - d) 2.995 pesetas

3. Bluejeans for teenage boys cost
   - a) 1.795 pesetas
   - b) 1.395 pesetas
   - c) 1.695 pesetas
   - d) 1.995 pesetas

4. Which of the following statements is true?
   - a. There is nothing on sale to wear for the beach.
   - b. "Adidas" sneakers are only on sale for children.
   - c. The sale prices advertised are good for three months.
   - d. The most expensive item on sale are suits for men.

V. Mis pensamientos y sentimientos

Complete each of the following sentences to express your thoughts and feelings.

1. Voy de compras cuando _____
2. No me gusta ir de compras cuando _____
3. Llevo ropa nueva cuando _____
4. Mi color favorito es el _____
5. Quiero ir a _____ porque _____
6. Cuando tengo tiempo, yo _____
7. No puedo ir a _____ porque _____
8. Cuando no tengo clases yo _____
9. Cuando hace buen tiempo yo _____
10. Durante el fin de semana me gusta _____
11. Cuando tengo un resfriado yo _____
12. Esta tarde yo _____
13. Esta noche yo _____
14. Cuando hace mal tiempo yo _____
15. Yo necesito _____

ENRICHMENT, UNIT 10   NAME _____

VI. Ana va de compras

Read the following story about what Ana buys to go to her friend's party. Then answer the questions which follow.

1   Ana es una chica española que tiene quince años. Vive en Madrid en uno de los barrios más
2   típicos que se llama Chamberí. Ella va de compras con su madre el sábado por la mañana. Ana
3   quiere comprar una falda y una blusa porque va a la fiesta de su amigo Roberto por la noche.
4   La madre de Ana trabaja de lunes a viernes en una tienda que se llama El Corte Inglés. Es
5   una tienda muy grande que tiene muchas sucursales. En el mes de agosto la tienda siempre
6   tiene muchas rebajas. Ana generalmente compra su ropa en ese mes para ahorrar dinero.
7   Ana también desea comprar un par de zapatos pero su madre dice que ella ya tiene muchos
8   pares de zapatos y no necesita más. Ana y su madre deciden ir a la sucursal de El Corte Inglés
9   que está en la Puerta del Sol. Ellas entran en la tienda a las diez. Hay mucha gente en la tienda.
10   Todo el mundo quiere aprovechar las ventas de agosto. Ellas van a la quinta planta y Ana compra
11   una falda amarilla y una blusa roja que quiere ponerse por la noche. Ana está muy contenta
12   porque su madre por fin le da dinero para comprar los zapatos que ella desea.
13   Es la una y media. Ana y su mamá están muy cansadas y tienen mucha hambre. Deciden ir
14   a un restaurante cerca de El Corte Inglés que se llama La Paellería Valenciana. Les gusta este
15   restaurante porque sirven toda clase de paella, el plato favorito de Ana. A las tres ellas salen del
16   restaurante y toman el autobús para ir a casa. Ana necesita planchar su ropa, descansar y estar
17   lista para la fiesta de Roberto esta noche.

Vocabulario:

1. el barrio *neighborhood*   más típico *most typical*
5. la sucursal *branch of a store*
6. ahorrar *to save*
7. decir *to say:* él, ella dice   ya *already*
8. la Puerta del Sol *(see text, page 294)*
10. todo el mundo *everybody*   aprovechar *to take advantage*
    la planta *floor (of a store)*
11. ponerse *to put on (an article of clothing)*
12. dar *to give:* ...le da *gives her*
15. toda clase de *all kinds of*
16. planchar *to iron*   estar lista *to be ready*

Comprensión de lectura:

Answer the following questions with a complete sentence in Spanish.

1. ¿De qué país es Ana? _____
2. ¿En qué ciudad vive ella? _____
3. ¿Con quién va de compras? _____

ENRICHMENT, UNIT 10   NAME _____

VI. (continued)

4. ¿Por qué quiere Ana comprar una falda y una blusa? _____
_____

5. ¿Dónde trabaja la madre de Ana? _____
_____

6. ¿Cuándo tiene El Corte Inglés muchas rebajas? _____
_____

7. ¿Qué más desea comprar Ana? _____
_____

8. ¿Qué dice la madre de Ana? _____
_____

9. ¿Por qué hay mucha gente en la tienda? _____
_____

10. ¿Por qué está Ana muy contenta? _____
_____

11. ¿Cómo salen Ana y su madre de la tienda? _____
_____

12. ¿Qué sirven en La Paellería Valenciana? _____
_____

13. ¿A qué hora salen ellas del restaurante? _____
_____

14. ¿Cómo viajan a casa? _____
_____

15. ¿Qué necesita Ana hacer antes de ir a la fiesta? _____
_____

SITUACIONES ORALES, UNIT 10   NAME _____

A. Function: Socializing
Roles: We are two teenagers who meet at a shopping mall.
Purpose: I wish to find out about your shopping habits. I will begin the conversation.

1. **Yo:** ¿Cuándo vas de compras?
   Tú: _____

2. **Yo:** ¿Qué te gusta comprar?
   Tú: _____

3. **Yo:** ¿Con quién vas de compras?
   Tú: _____

4. **Yo:** ¿Cómo vas a las tiendas?
   Tú: _____

5. **Yo:** ¿Dónde compras la ropa?
   Tú: _____

6. **Yo:** ¿Por qué vas allí?
   Tú: _____

B. Function: Providing and obtaining information
Roles: I am a sales clerk in a large department store and you are a customer.
Purpose: You wish to obtain information about an item you want to purchase.
I will begin the conversation.

1. **Dependiente(a):** ¿En qué puedo servirle?
   Cliente: _____

2. **Dependiente(a):** ¿Qué talla usa Ud.?
   Cliente: _____

3. **Dependiente(a):** ¿De qué color?
   Cliente: _____

4. **Dependiente(a):** ¿Qué le parece?
   Cliente: _____

5. **Dependiente(a):** Cuesta ... dólares.
   Cliente: _____

6. **Dependiente(a):** ¿Cómo va Ud. a pagar?
   Cliente: _____

7. **Dependiente(a):** ¿Desea Ud. algo más?
   Cliente: _____

SITUACIONES ORALES, UNIT 10   NAME _____

C. **Function:** Providing and obtaining information
   Role: I am your parent.
   Purpose: You are providing me with information about the clothing you need to buy for school. You will begin the conversation.

D. **Function:** Expressing feelings
   Role: I am your grandparent.
   Purpose: You want to tell me your feelings about a present I have just given you. I will begin the conversation.

E. **Function:** Persuasion
   Role: I am your best friend.
   Purpose: You wish to convince me to go shopping with you. You will begin the conversation.

CORRECTIVE, UNIT 11   NAME_____

I. Topic: *Los lugares de interés en la capital de España*

A. FIRST STUDY Aim II, pages 287–295 and the *Vocabulario,* pages 296–297.

B. Fill in the **appropriate places** where John goes to do the following activities in Madrid.

1. Para comprar sellos Juan va a _____.
2. Para tomar el avión Juan va al _____ Barajas.
3. Para ver un juego de fútbol Juan va al _____.
4. Para ver una corrida de toros Juan va a la _____.
5. Para ver una película Juan va al _____ Lope de Vega.
6. Para ver un drama o una comedia Juan va al _____ Calderón.
7. Para ver arte Juan va al _____.
8. Para ver el monumento de Don Quijote y Sancho Panza y su creador Miguel de Cervantes, Juan va a la _____.
9. Para ver otra plaza bonita Juan va a la _____.
10. Para ver un parque muy bonito Juan va al _____.
11. Para leer libros Juan va a la _____ Nacional.
12. Para llamar por teléfono fuera de *(outside)* la ciudad de Madrid Juan va a la _____.
13. Para oír misa Juan va a la _____ San Francisco, El Grande
    o a la _____ de la Almudena.
14. Para ver muchos animales Juan va al _____ en la Casa de Campo.
15. Para ver un palacio impresionante y muy bonito Juan va al _____.

C. Your teacher or peer partner will state a few places of interest in Spain's capital, Madrid. After the second repetition, write the number from Part B (#1–15) which represents the purpose for which a person goes there.

Example: El zoológico: *Answer # 14* (para ver animales)

1. ____ 2. ____ 3. ____ 4. ____ 5. ____ 6. ____ 7. ____

CORRECTIVE, UNIT 11   NAME _____

II. Topic: *España y su geografía*

A. FIRST READ Aim I, pages 281–283 and review your class notes and homework, pages 284–286.

B. Fill in the blank with the appropriate choice. Write the entire **answer**, not the letter.

1. España es _____.
   A. un continente   B. una región   C. una capital   D. un país

2. España está en el continente de _____.
   A. Asia   B. África   C. Europa   D. América del Sur

3. España y _____ forman la Península Ibérica.
   A. Francia   B. Portugal   C. Inglaterra   D. Italia

4. La capital de España es _____.
   A. Barcelona   B. Valencia   C. Madrid   D. Sevilla

5. Las montañas Pirineos separan a España de _____.
   A. Francia   B. Italia   C. Inglaterra   D. Portugal

6. Las Islas Baleares están en _____.
   A. El Océano Pacífico   C. El Mar Mediterráneo
   B. El Océano Atlántico   D. El Mar Caribe

7. Las Islas Canarias están en _____.
   A. El Mar Cantábrico   C. El Mar Mediterráneo
   B. El Océano Atlántico   D. El Mar Caribe

8. El Estrecho de Gibraltar está _____ de España.
   A. al sur   B. al este   C. al oeste   D. al norte

9. Una ciudad muy industrial e importante con casi dos millones de habitantes en la costa del Mar Mediterráneo es _____.
   A. Sevilla   B. Bilbao   C. Valencia   D. Barcelona

10. En España se hablan cuatro lenguas: el español, el vasco, el catalán y _____.
    A. el italiano   B. el gallego   C. el francés   D. el inglés

11. La lengua oficial de España es _____.
    A. el vasco   B. el catalán   C. el español   D. el gallego

12. Cuatro de los cinco ríos más importantes de España desembocan en _____.
    A. El Mar Mediterráneo   C. El Océano Atlántico
    B. El Mar Cantábrico   D. El Océano Pacífico

13. Al sur de España está el continente de _____.
    A. Europa   C. Asia
    B. América del Sur   D. África

CORRECTIVE, UNIT 11   NAME _____

III. Topic: *Viajar en el Metro con un plano*

A. FIRST READ Aim IIIb, *Lectura,* page 301.

B. STUDY the *Vocabulario,* pages 302–303.

C. REVIEW Aim IIIc, page 303 while examining the map of the Metro on page 305.

D. Write the instructions you would give to a stranger to get to the following places by Metro.

1. You are at the station *"Atocha" (línea 1)* and he/she wants to go to the Retiro Park, station *"Retiro."*

   _____
   _____
   _____
   _____

2. You are at the station *"Canillejas," (línea 5)* and he/she wants to go to the *"Puerta del Sol,"* station *"Sol."*

   _____
   _____
   _____
   _____

IV. Topic *El reloj de 24 horas*

A. FIRST STUDY Aim IV, the *Nota cultural,* page 307.

B. Write the following times of the 24-hour clock in time used in the United States to indicate the departure or arrival times of the following trains or airplanes.

   Examples: 8:15   a las ocho y cuarto de la mañana
                16:40   a las cinco menos veinte de la tarde
                23:30   a las once y media de la noche

1. 7:30 _____
2. 13:20 _____
3. 17:15 _____
4. 19:50 _____
5. 21:05 _____
6. 23:45 _____

CORRECTIVE, UNIT 11   NAME _____

> **V. Topic:** *¿A qué hora sale el tren? / ¿A qué hora llega?*

    A. FIRST REVIEW Aim IV, *Nota cultural,* page 307 and write out the Part IV Corrective (1–6).

    B. STUDY the *Práctica oral,* page 308 while examining the railroad time schedule *Madrid a Granada* on page 309.

    C. Answer the following questions while referring to the railroad time schedule *Madrid a Granada,* page 309. If the answer indicates a time between 12:59 p.m. and 12:00 midnight (12:00 a.m.), state the answer in two ways as Luis and Sr. Vega do in the *Práctica oral* on page 308 (using *"es decir"* — "that is to say").

1a. ¿A qué hora sale el tren (#278) de Madrid para Granada? _____

1b. ¿A qué hora llega el tren a Granada? _____

2a. ¿A qué hora sale el tren (#270) de Madrid para Almería? _____

2b. ¿A qué hora llega el tren a Almería? _____

3a. ¿A qué hora sale el tren (#770) de Madrid para Granada? _____

3b. ¿A qué hora llega el tren a Granada? _____

CORRECTIVE, UNIT 11   NAME _____

VI. Topic: Functions of language

A. Read Aim IIIb, *Lectura,* page 301 and study *Vocabulario,* pages 302–303.

B. Read Aim V, *Lectura,* page 311 and study *Vocabulario,* page 313.

C. Write the following frequently used phrases related to travel which appear in the *Lecturas* in Spanish.

1. Excuse me, Mr. / Miss / Mrs. _____
2. Where is the Metro station? _____
3. How can I get to the *Oficina de Turismo?* _____
4. Thank you very much. You are very kind. _____
5. You're welcome. Thanks for your help. _____
6. How can I get to the railroad station? _____
7. I prefer to go by bus. _____
8. You have to (it is necessary to) take the number 26 bus. _____
9. Where is the nearest stop? _____
10. Go straight. It's on the corner. _____
11. How much does a bus ticket cost? _____
12. Can you tell me where the information counter is? _____
13. It's on the right (left). _____
14. At what time does the next train leave? _____
15. At what time does it arrive? _____
16. Here is a schedule for your next trip. _____
17. I want to buy one ticket, please. _____

123

CORRECTIVE, UNIT 11   NAME _____

VI. (continued)

D. Complete the following dialogue between the tourist and the stranger and the employee in Madrid by writing the English phrases in Spanish.

1. **Turista:** _____, señorita.
   (Excuse me)
   ¿_____ dónde está la estación de la RENFE en Chamartín?
   (Can you tell me)

   Señorita: ¿Prefiere Ud. ir en autobús o en el Metro?

2. **Turista:** _____
   (I prefer to go by bus.)

   Señorita: Hay que tomar el autobús número 38.

3. **Turista:** _____
   (Where is the nearest bus stop?)

   Señorita: Siga Ud. derecho. Está en la esquina.

4. **Turista:** _____
   (Thank you very much. You are very kind.)

   Señorita: No hay de qué. ¡Que todo le vaya bien!

   (El turista toma el autobús y llega a la estación Chamartín en media hora y busca Información.)

5. **Turista:** Con permiso, señor. _____
   (At what time does the next train leave for Seville?)

   Empleado: A las diez y siete y cuarenta.

6. **Turista:** _____
   (And at what time does it arrive?)

   Empleado: A las veinte y tres y veinte y nueve.

7. **Turista:** _____
   (How much does it cost?)

   Empleado: 8.950 pesetas en primera clase.

   (El turista va a la taquilla para viajes de largo recorrido.)

8. **Turista:** _____
   (One ticket for Seville please, in first class.)

ENRICHMENT, UNIT 11   NAME _____

I. Larga distancia AVE

During your first trip to Spain you and your friends decide to see as many places of interest as possible. You plan a five-day trip to one of the largest cities of Spain, Seville. You go to the *Puerta de Atocha* railroad station to obtain a schedule of departures and arrivals of the high speed AVE train which began service in 1992 in preparation for the World's Fair in Seville (Text, p. 310). The employee at the information counter gives you a schedule called *Larga Distancia AVE: Madrid — Sevilla*.

Madrid (Puerta de Atocha) • Ciudad Real • Puertollano • Cordoba • Sevilla (Santa Justa)

	LLANO	LLANO	PUNTA	LLANO	VALLE	LLANO	VALLE	PUNTA	LLANO	LLANO	LLANO
NUMERO DE TREN	9614	9664	9616	9618	9620	9622	9624	9628	9630	9632	9634	9636
OBSERVACIONES	(*)(1)	(2)	(*)(1)				(*)	(2)	(*)(3)			
DIAS DE CIRCULACION	LMXJV••	LMXJVSD	LMXJVS•	LMXJVSD	LMXJVS•	LMXJVSD	LMXJV••	LMXJVSD	LMXJV••	LMXJVSD	LMXJV•D	LMXJVSD
MADRID Puerta de Atocha	07:00	07:30	08:00	09:00	10:00	11:00	12:00	14:00	15:00	16:00	17:00	18:00
CIUDAD REAL	-	08:20	-	09:50	-	-	-	-	-	16:50	-	-
PUERTOLLANO	-	08:34	-	10:04	-	-	-	-	-	17:04	-	-
CORDOBA	08:41	09:18	-	10:48	11:41	12:41	13:41	15:41	16:41	17:48	18:41	19:41
* **SEVILLA** Santa Justa	09:25	10:00	10:15	11:30	12:25	13:25	14:25	16:25	17:25	18:30	19:25	20:25

RESTAURACION

Sevilla (Santa Justa) • Cordoba • Puertollano • Ciudad Real • Madrid (Puerta de Atocha)

	LLANO	LLANO	PUNTA	LLANO	VALLE	LLANO	VALLE	PUNTA	LLANO	LLANO	LLANO	LLANO
NUMERO DE TREN	9663	9615	9617	9619	9621	9623	9625	9629	9631	9633	9635	9637
OBSERVACIONES	(*)(1)	(2)	(*)(1)		(8)		(*)(8)	(2)	(*)(3)			
DIAS DE CIRCULACION	LMXJV••	LMXJVSD	LMXJVS•	LMXJVSD	LMXJV••	LMXJVSD	LMXJV••	LMXJVSD	LMXJV•D	LMXJVSD	LMXJV•D	LMXJVSD
SEVILLA Santa Justa	06:30	07:00	08:00	09:00	10:00	11:00	12:00	14:00	15:00	16:00	17:00	18:00
CORDOBA	07:13	07:43	-	09:43	10:43	11:43	12:43	14:43	15:43	16:43	17:43	18:43
PUERTOLLANO	-	08:24	-	10:24	-	-	-	-	-	17:24	-	-
CIUDAD REAL	-	08:38	-	10:38	-	-	-	-	-	17:38	-	-
* **MADRID** Puerta de Atocha	08:55	09:30	10:15	11:30	12:25	13:25	14:25	16:25	17:25	18:30	19:25	20:25

ENRICHMENT, UNIT 11   NAME _____

I. (continued)

A. Fill in the following outline to indicate the departure times from Madrid and the arrival times at Seville for three trains. Choose one morning, one afternoon and one evening train. Give the hours of the 24-hour clock between 12:59 p.m. and midnight in two ways, using *"es decir."* (Refer to the text, ***Práctica oral,*** page 308.)

1. El tren (número _____) sale de Madrid a las _____

    _____

    y llega a Sevilla a las _____.

2. El tren (número _____) sale de Madrid a las _____

    _____

    y llega a Sevilla a las _____.

3. El tren (número _____) sale de Madrid a las _____

    _____

    y llega a Sevilla a las _____.

B. Now fill in the following outline to indicate the departure times from Seville and the arrival times at Madrid for three trains.

4. El tren (número _____) sale de Sevilla a las _____

    _____

    y llega a Madrid a las _____.

5. El tren (número _____) sale de Sevilla a las _____

    _____

    y llega a Madrid a las _____.

6. El tren (número _____) sale de Sevilla a las _____

    _____

    y llega a Madrid a las _____.

ENRICHMENT, UNIT 11   NAME _____

II. Actividad: ¿Cuánto cuesta un billete para ...?

A. Students work in groups of two. One partner asks the other the **A** questions and then the second partner asks the first the **B** questions. Refer to the *Larga Distancia AVE: Madrid — Sevilla* fare schedule below for trains leaving Madrid or other cities on this high speed rail service. In each case the class *(clase)* and train designation *(Valle, Llano, Punta)* to be taken will be noted in parentheses. You may wish to review numbers on page 250 of your textbook.

Example: ***Partner A:***   ¿Cuánto cuesta un billete de Madrid a Ciudad Real (Preferente, Llano)?
          Partner B: Un billete de Madrid a Ciudad Real (Preferente, Llano) cuesta cuatro mil ochocientas pesetas.

Partner A
1. ¿Cuánto cuesta un billete de Madrid a Sevilla (Turista, Punta)?
2. ¿Cuánto cuesta un billete de Ciudad Real a Córdoba (Preferente, Llano)?
3. ¿Cuánto cuesta un billete de Puertollano a Sevilla (Club, Valle)?
4. ¿Cuánto cuesta un billete de Madrid a Ciudad Real (Turista, Llano)?
5. ¿Cuánto cuesta un billete de Córdoba a Sevilla (Turista, Valle)?

Partner B
6. ¿Cuánto cuesta un billete de Madrid a Córdoba (Club, Llano)?
7. ¿Cuánto cuesta un billete de Ciudad Real a Puertollano (Turista, Punta)?
8. ¿Cuánto cuesta un billete de Madrid a Sevilla (Turista, Llano)?
9. ¿Cuánto cuesta un billete de Puertollano a Córdoba (Preferente, Valle)?
10. ¿Cuánto cuesta un billete de Córdoba a Sevilla (Club, Punta)?

PRECIOS

A continuación figura el precio para cada trayecto, clase y tren.

CLASE	Turista			PREFERENTE			CLUB		
Calificación del tren	VALLE	LLANO	PUNTA	VALLE	LLANO	PUNTA	VALLE	LLANO	PUNTA
MADRID-SEVILLA	8.000	9.200	9.600	11.600	13.300	13.900	14.000	16.100	16.800
MADRID-CORDOBA	5.800	6.700	7.000	8.400	9.700	10.100	10.200	11.700	12.200
MADRID-PUERTOLLANO	3.600	4.100	4.300	5.200	5.900	6.200	6.200	7.200	7.500
MADRID-CIUDAD REAL	2.900	3.300	3.500	4.200	4.800	5.000	5.100	5.800	6.100
CIUDAD REAL-SEVILLA	5.100	5.900	6.100	7.400	8.500	8.900	8.900	10.300	10.700
CIUDAD REAL-CORDOBA	2.900	3.400	3.500	4.200	4.900	5.100	5.100	5.900	6.100
CIUDAD REAL-PUERTOLLANO	1.300	1.400	1.500	1.600	1.800	1.900	1.800	2.000	2.200
PUERTOLLANO-SEVILLA	4.400	5.100	5.300	6.400	7.400	7.700	7.800	8.900	9.300
PUERTOLLANO-CORDOBA	2.300	2.600	2.700	3.300	3.800	3.900	4.000	4.500	4.700
CORDOBA-SEVILLA	2.200	2.500	2.600	3.200	3.600	3.800	3.800	4.400	4.600

B. Using the fare schedule, each student now asks his/her partner the cost of tickets to three other destinations not given in the questions above.

ENRICHMENT, UNIT XI   NAME _____

III. Un billete de tren

During your stay in Spain you will take the bus and the train several times to travel between cities. You always examine your ticket after purchase from the RENFE office or a travel agent to make sure it is accurate.

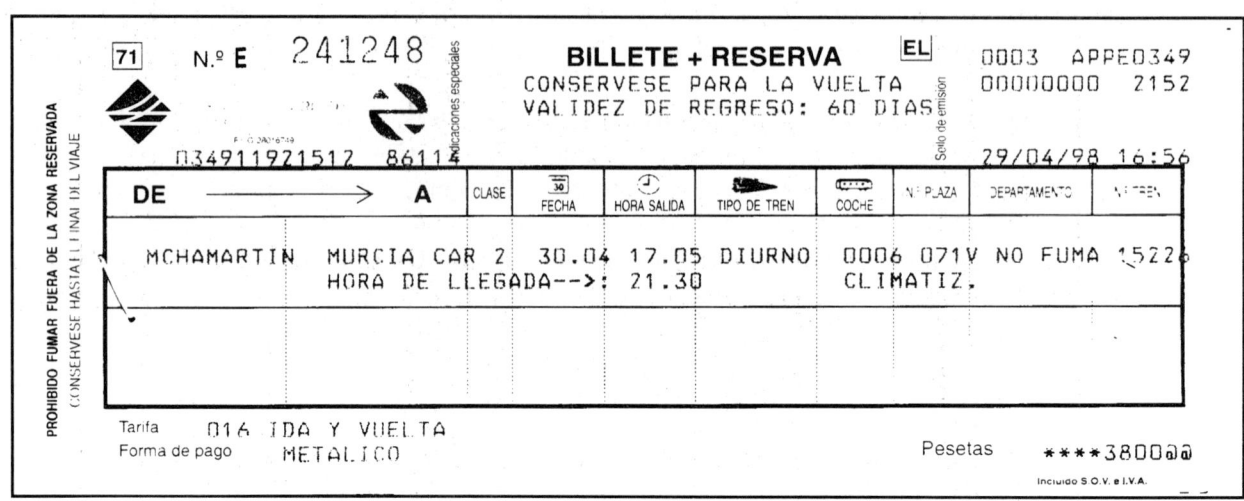

1. What day and month are you taking this train? _____
2. At what time does your train leave? _____
3. What is the number of your coach? _____
4. What is your seat number? _____
5. How much did you pay for your ticket? _____
6. From what city are you leaving? _____
7. To what city are you traveling? _____
8. In what class are you traveling? _____
9. On what date did you buy this ticket? _____
10. Is your seat in a smoking or a non-smoking coach? _____

Vocabulario:

Clases de coche:
primera clase (1)   *first class*
segunda clase (2)   *second class*
fumar   *to smoke*
climatizado   *air conditioned*

ENRICHMENT, UNIT 11 NAME _____

IV. Hispanoamérica

Iberia is the national airline of Spain. It has flights to all major cities of the world. Of special interest to us are the countries of the world to which Spain gave its language, religion and other components of its cultural heritage. These Spanish-speaking countries of the Americas won their independence from Spain in the eighteenth century. Spain prides itself on the close ties it maintains with the Spanish-speaking countries of the New World. As a reflection of this important relationship, Iberia flies to almost all these countries.

You are a Spanish businessperson who represents a large company in Spain. A requirement of your work is to visit each of the Spanish-speaking countries of the Americas and naturally you are going to fly on Iberia. In most countries, your plane will land in the capital.

To prepare for your future trips fill in the names of these countries identified by a number on the map. See how many countries you can recall before referring to the maps on pages 10 and 60 of your textbook.

País

1. _____
2. _____
3. _____
4. _____
5. _____
6. _____
7. _____
8. _____
9. _____
10. _____
11. _____
12. _____
13. _____
14. _____
15. _____
16. _____
17. _____
18. _____
19. _____

ENRICHMENT, UNIT 11   NAME _____

Va. El hotel

On your first trip to Madrid, friends recommend that you stay at a small hotel stressing personal service in the heart of the city right off the *"Gran Vía"* and the Metro station of the same name. You write the Hotel Laris and they send you their brochure, part of which appears here. Answer the questions about the information in the brochure.

- T.V. color
- Aire acondicionado
- Música ambiental
- Garaje

HOTEL LARIS, S.A.
★ ★ ★
AIRE ACONDICIONADO
MUSICA AMBIENTAL
GARAJE

Barco, 3
Teléfono 521 46 80
28004 - MADRID

- **Inaugurado 1978**

- **Todas las habitaciones con baño y teléfono**

- **Moderno — Confortable — Familiar**

Zona comercial a 50 m. de la Gran Vía y 10 minutos del Museo del Prado y Palacio Real

- **Totalmente reformado en 1981**

El servicio especializado por expertos profesionales es una garantía para nuestros clientes.

1. Hotels in Spain are rated with stars from one to five (five being the most expensive and luxurious). How many stars is this hotel rated? _____

2. What do all the rooms in this hotel have?
   _____

3. Does this hotel provide parking facilities? _____

4. Does this hotel have air-conditioning? _____

5. What two famous places of interest are within ten minutes of this hotel?
   _____

ENRICHMENT, UNIT 11   NAME _____

Vb. El Hotel

After reading the brochure, you decide to make a reservation at the Hotel Laris. Fill in the following blanks with the appropriate information to complete this letter requesting a reservation.

_____ _____ _____
(día)   (mes)   (año)

_____
(dirección)

_____
(ciudad)   (estado)   (código postal)

_____
(nombre del hotel)

_____
(país)

_____
(dirección)

_____
(ciudad)   (código postal)

_____
(país)

Muy señores míos:

    Me gustaría reservar una habitación para _____ persona(s) desde el _____ de _____ hasta el _____ de _____.

    Quiero una habitación con aire acondicionado, _____ y _____. Deseo saber cuánto cuesta la habitación y si el precio incluye el desayuno. ¿Es necesario mandar un depósito para reservar _____?

    Me gustaría recibir un plano del Metro de Madrid y _____.

    En espera de su respuesta, me despido de ustedes.

                               Atentamente,

                               _____
                                 (firma)

Vocabulario:

Muy señores míos   *Dear Sirs (formal business letter salutation)*
la habitación   *room*
desde ... hasta ...   *from ... to ...*
saber   *to know*
incluir   *to include:* incluye   *includes*
mandar   *to send*
En espera de su respuesta, ...   *Waiting for your answer, ...*
me despido de ustedes.   *I say goodbye to you.*
Atentamente   *Politely*

ENRICHMENT, UNIT 11   NAME _____

VI. Una tarjeta postal desde Madrid para un amigo (una amiga)

You have been in Madrid three days of a week's visit to the beautiful capital of Spain. Write a postcard in Spanish to one of your friends from your Spanish class last term.

    Querido(a) _____,

Lo estoy pasando muy bien aquí en _____.

Hace _____ tiempo. Este país es

muy _____. Todos los días yo

_____ y _____.

Me gusta(n) _____

_____

La comida típica del país es _____

_____. Los españoles son

_____. Regreso a casa

_____.

    Un abrazo,

    _____

Vocabulario:

Lo estoy pasando muy bien ...   *I'm having a good time ...*
regresar ...   *to return*

SITUACIONES ORALES, UNIT 11   NAME _____

A. Function: Socializing
  Role: I am seated next to you on a plane to Madrid.
  Purpose: We are talking about our trip to Spain and what we will be doing there. I will begin the conversation.

1. **Pasajero:** ¿Cuánto tiempo va Ud. a pasar en Madrid?

   Ud.: _____

2. **Pasajero:** ¿Dónde está su hotel?

   Ud.: _____

3. **Pasajero:** ¿Cuáles son los sitios de interés en Madrid?

   Ud.: _____

4. **Pasajero:** ¿Cómo viaja Ud. en Madrid?

   Ud.: _____

5. **Pasajero:** ¿Adónde va Ud. de compras en Madrid?

   Ud.: _____

6. **Pasajero:** ¿Dónde prefiere Ud. comer?

   Ud.: _____

B. Function: Providing and obtaining information
  Roles: I am an employee at the ticket window of the RENFE station in Madrid.
  Purpose: You want to find out about the schedule and cost for a trip to Barcelona for you and a friend. You will begin the conversation.

1. **Ud.:** ¿_____?

   Empleado: El próximo tren para Barcelona sale a las once.

2. **Ud.:** ¿_____?

   Empleado: El tren llega a Barcelona a las diez y ocho y cincuenta.

3. **Ud.:** ¿_____?

   Empleado: Un billete en primera clase cuesta 9.835 pesetas.

4. **Ud.:** ¿_____?

   Empleado: En segunda clase cuesta 7.070 pesetas.

5. **Ud.:** _____.

   Empleado: Aquí los tiene Ud.

C. Function: Expressing personal feelings
  Role: I am your travel agent.
  Purpose: Express your ideas about an ideal vacation. You will begin the conversation by telling me where you want to travel.

CORRECTIVE, UNIT 12   NAME_____

I. Topic: *Las tiendas en España*

A. FIRST STUDY Aim I, pages 317–322. Read and review *Notas culturales*, page 321–322.

B. Fill in the blank with the product sold in each of the following places. Choices are given.

1. En la carnicería se vende _____.
2. En la pescadería se vende _____.
3. En el quiosco se venden _____ y _____.
4. En la panadería se vende _____.
5. En la pastelería se venden _____.
6. En la farmacia se venden _____.
7. En la droguería se venden _____.
8. En la zapatería se venden _____.
9. En la frutería se venden _____.
10. En la librería se venden _____.
11. En la churrería se venden _____.
12. En la tienda de comestibles se vende _____.
13. En la tienda de ropa se vende _____.

Choices:
libros	comida	perfumes	pescado
churros	zapatos	pasteles	medicinas
ropa	frutas	carne	pan
revistas y periódicos			

II. Topic: *La cultura*

Read carefully *Notas culturales*, pages 321–322. Then answer the following questions.

1. What product native to Spain do Spaniards use to cook all their meals? _____
2. With what drink are *churros* traditionally eaten? _____
3. In what store would Spaniards buy their medicines? _____
4. Between what hours of the day do most stores in Spain close? _____
5. What measurement system is used to size shoes in Spain? _____
6. What is one of Spain's principal agricultural exports? _____
7. What is another name for *zapatos* in Spain? _____

CORRECTIVE, UNIT 12   NAME_____

III. Topic: *Los trabajos en la comunidad*

A. FIRST STUDY Aim IIIa, pages 326–330. Next write the job or work the person does in the community under each picture.

_____   _____   _____   _____

_____   _____   _____   _____

B. For each of the following job descriptions, write the person who does the work described in the blank provided.

1. _____ vende pan en la panadería.
2. _____ examina a los pacientes en la consulta.
3. _____ apaga los fuegos en los edificios.
4. _____ recoge la basura en la calle.
5. _____ cuida a los niños y limpia la casa.
6. _____ ayuda a la gente en la calle.
7. _____ enseña a los alumnos en la escuela.
8. _____ vende ropa en la tienda de ropa.
9. _____ escribe programas en la compañía.
10. _____ reparte cartas por las casas.
11. _____ vende carne en la carnicería.
12. _____ defiende a los clientes en la corte.
13. _____ maneja *(drives)* un autobús en la ciudad.

C. Topic: *Mi futuro trabajo.* FIRST STUDY Aim IIIb, pages 330–333. Then nswer the questions.

¿Qué quieres ser? ¿Por qué? _____

_____

_____

CORRECTIVE, UNIT 12   NAME _____

IV. Topic: *Mi barrio y mi ciudad*

A. FIRST STUDY Aim II, pages 323–325. Read page 323 carefully and study the *Vocabulario*, page 325.

B. Answer the following questions with a complete sentence in Spanish.

1. ¿Cómo es la ciudad donde vives? _____

2. ¿Cuántos habitantes tiene? _____

3. ¿Cómo es el barrio donde vives? _____

4. ¿Vives cerca o lejos de las tiendas? _____

5. ¿Cuáles son las tiendas principales de tu barrio? _____

6. ¿A qué tiendas vas con mucha frecuencia? _____

7. ¿Con quién vas a las tiendas? _____

8. ¿Hay algo de interés histórico en tu ciudad? ¿Qué es? _____

9. ¿Cuáles son los sitios de interés y de recreo en tu ciudad? _____

ENRICHMENT, UNIT 12   NAME _____

I. ¿Quién soy yo?

The following people are describing their jobs and careers. Fill in each blank with the appropriate name of each person's job.

1. Trabajo en una oficina . Los clientes me visitan cuando tienen problemas con los dientes.
   Soy _____.

2. Trabajo en una oficina para una compañía grande. Escribo programas.
   Soy _____.

3. Trabajo en un garaje. Arreglo coches rotos. Soy _____.

4. Trabajo en una oficina. Escribo a máquina y contesto el teléfono. Soy _____.

5. Trabajo en una oficina y también en una corte. Defiendo a mis clientes. Soy _____.

6. Trabajo en la calle. Recojo la basura de edificios. Soy _____.

7. Trabajo en un hospital para animales. Cuido a los animales que están enfermos.
   Soy _____.

8. Trabajo en un hospital. Ayudo y cuido a los enfermos. Soy _____.

9. Trabajo en casa. Cuido a mis niños, cocino y limpio la casa. Soy _____.

10. Manejo un autobús por las calles de la ciudad. Soy _____.

Vocabulario:
3. arreglar   *to fix*   roto   *broken*
4. Escribo a máquina.   *I typewrite.*
10. manejar   *to drive*

II. Para ganarme la vida yo...

Write a one or two sentence description in Spanish of what the following people do *to earn a living*. Be sure to state where each person works.

1. Soy profesor. Yo _____
   _____

2. Soy doctora. Yo _____
   _____

3. Soy vendedora de ropa. Yo _____
   _____

4. Soy cartero. Yo _____
   _____

5. Soy bombero. Yo _____
   _____

ENRICHMENT, UNIT 12 NAME _____

III. Hay tantas carreras

There are so many careers to choose from. Make a list of some careers and jobs that have the following characteristics.

1. Las carreras en que uno *(one)* trabaja con las manos:

   _____, _____, y _____

2. Las carreras en que uno trabaja con máquinas *(machines)*:

   _____, _____, y _____

3. Las carreras en que uno trabaja con niños o adolescentes:

   _____, _____, y _____

4. Las carreras en que uno trabaja con clientes o pacientes:

   _____, _____, y _____

5. Las carreras en que es importante hablar otra lengua:

   _____, _____, y _____

IV. ¿Cómo quieres ganarte la vida? (How do you want to earn a living?)

Answer the following questions related to your future work in complete sentences in Spanish.

1. ¿Qué quieres ser? ¿Por qué? _____

2. ¿Dónde quieres trabajar? _____

3. ¿Quieres trabajar solo(a) o con otras personas? _____

4. ¿Prefieres trabajar con la cabeza o con las manos? _____

5. ¿Quieres ayudar a la gente en su trabajo? _____

6. ¿Te gustaría trabajar para una compañía grande o por tu propia cuenta? _____

7. ¿Es importante para ti *(for you)* ganar mucho dinero en tu trabajo? _____

Vocabulario:

Pregunta 6: por tu propia cuenta   *on your own*
Pregunta 7: para ti   *for you;* para mí   *for me*

ENRICHMENT, UNIT 12   NAME_____

V. Roberto Díaz

Read the following narration told by Roberto Díaz. The first time read to understand the general meaning. The second time read to find the answers to the questions which follow.

1   Me llamo Roberto Díaz. Soy de la República Dominicana. Tengo veinte y cuatro años. Vivo en
2   el Bronx, en la ciudad de Nueva York con mis padres y dos hermanas. Hace diez años que vivo
3   en esta ciudad.
4   Vivo en el piso once de un edificio que tiene veinte pisos. Mi apartamento es grande y cómodo.
5   Tiene tres dormitorios, una sala, dos baños, un comedor y una cocina. Me gusta mi barrio porque
6   está cerca de un parque bonito. En la primavera hay flores en los jardines y muchas ardillas en el
7   parque. Los domingos en el verano mis padres llevan sillas al parque para sentarse a tomar el sol.
8   A veces cuando hace mucho calor se sientan debajo de los árboles. En el otoño me gusta ver el
9   cambio de color de las hojas. En el invierno cuando nieva mucho, los niños del barrio van al
10 parque a jugar con la nieve.
11   Hay pocas tiendas en mi barrio. Tenemos un supermercado, un banco, una pizzería, una
12 farmacia, una peluquería, y una tintorería. Cuando mi mamá quiere comprar la comida, mi papá
13 la lleva en el carro a un supermercado grande cerca de aquí. Cuando ella necesita comprar ropa
14 ella va al centro de la ciudad porque hay muchas tiendas y encuentra todo lo que quiere.
15   Trabajo en una oficina para una compañía grande en Manhattan. Soy programador de
16 computadoras. Me gusta mucho ir al centro de la ciudad porque hay muchos restaurantes,
17 teatros, cines, discotecas y museos. Durante los fines de semana voy a bailar en las discotecas.
18 En muchos lugares de Nueva York tocan música latina. Mi baile favorito es el merengue. En el
19 verano cuando hace buen tiempo mis amigos y yo vamos al Parque Central en Manhattan para
20 jugar al béisbol. Durante la temporada de béisbol también vamos a los estadios de béisbol para ver
21 jugar a los equipos de béisbol de Nueva York.
22   Cuando mis primos de la República Dominicana me visitan, los llevo a ver las maravillas de
23 Nueva York: La Estatua de la Libertad, Las Naciones Unidas, El Edificio "Empire State",
24 el Centro Rockefeller, La Catedral San Patricio, el Centro Lincoln, Las Torres Gemelas y El
25 Zoológico del Bronx. Cuando me visita mi tía favorita, que es maestra en la República
26 Dominicana, siempre la llevo al Museo Metropolitano de Arte y al Museo de Arte Moderno.
27 Me encanta mi ciudad adoptiva, "La Manzana Grande".

Vocabulario:
6: la ardilla   *squirrel*
7: llevar   *to carry, to take something or someone*   sentarse   *to sit down:* ellos se sientan   *they sit*
9: el cambio de color de las hojas   *the change of color of the leaves*
    nevar   *to snow:* la nieve   *the snow*
12: una peluquería   *hairdresser's shop*   una tintorería   *dry cleaner's shop*
13: él **la** lleva   *he takes **her***   aquí   *here*
14: encuentra   *she finds*   **todo lo que** quiere   ***all that** she wants*
18: el lugar   *place:* el sitio   *place*
20: la temporada de ...   *the season of ...*
22: **los** llevo ...   *I take **them** ...*
24: Las Torres Gemelas   *The Twin Towers (World Trade Center)*
25: el maestro (la maestra)   *elementary school teacher*

ENRICHMENT, UNIT 12   NAME _____

V. (continued)

Conteste las preguntas con una oración completa en español:

1. ¿De dónde es Roberto Díaz? _____
2. ¿Con quiénes vive él? _____
   _____
3. ¿Cuántos pisos tiene el edificio donde vive? _____
4. ¿Por qué le gusta a Roberto su barrio? _____
   _____
5. ¿Cuándo toman el sol sus padres? _____
   _____
6. ¿Qué hacen los niños del barrio en el invierno? _____
   _____
7. ¿Cuáles son las tiendas de su barrio? _____
   _____
8. ¿Quién lleva a su madre a comprar la comida? _____
   _____
9. ¿Dónde trabaja Roberto? _____
10. ¿Por qué le gusta a Roberto ir al centro? _____
    _____
11. ¿Cuál es su baile favorito? _____
12. ¿Qué hacen Roberto y sus amigos cuando hace buen tiempo? _____
    _____
13. ¿Adónde lleva Roberto a sus primos? _____
    _____
14. ¿A quién lleva Roberto a los museos? _____
    _____
15. ¿Le gusta a Roberto la ciudad de Nueva York? _____
    _____

ENRICHMENT, UNIT 12   NAME _____

VIa. Ana compra la comida

Read the following dialogue in which Ana goes to the market to buy the food necessary to cook an American meal for her Spanish family. Then answer the questions which follow in a complete sentence in Spanish.

Lectura: Parte I

Un día Ana decide cocinar una comida típica norteamericana para la familia española con quien vive.

1 **Ana:** Mañana, domingo, me gustaría preparar la comida para la familia.
2 **Doña Teresa:** ¿Y qué quieres cocinar?
3 **Ana:** Quiero preparar una comida norteamericana: hamburguesas, papas fritas, ensalada y
4   de postre, un pastel de manzana.
5 **Doña Teresa:** ¡Magnífico! ¿Puedo ayudarte?
6 **Ana:** ¿A qué hora se abre la carnicería?
7 **Doña Teresa:** Se abre a las nueve.
8 **Ana:** Y hoy sábado, ¿a qué hora se cierra?
9 **Doña Teresa:** Se cierra a la una y media y no se abre por la tarde.
10 **Ana:** ¿Y dónde compra Ud. las legumbres y la fruta?
11 **Doña Teresa:** El mejor sitio es el mercado aquí en el barrio donde se compra todo muy fresco.
12 **Ana:** ¿Cuánta carne molida debo comprar?
13 **Doña Teresa:** Debes comprar un kilo y medio.
14 **Ana:** ¿Necesito comprar aceite de oliva?
15 **Doña Teresa:** No, tengo suficiente.
16 **Ana:** ¿Y cuántos kilos de patatas debo comprar?
17 **Doña Teresa:** Dos kilos.
18 **Ana:** Son las nueve y cuarto. Voy primero al mercado porque ya está abierto.
19   Hasta luego, doña Teresa.
20 **Doña Teresa:** Adiós.

Vocabulario:

2: doña *Spanish title used before the Christian name of a lady as a sign of respect*
5: ¡Magnífico! *Great! Wonderful!*
6: ¿A qué hora se abre...? *At what time does...open?*
10: las legumbres *vegetables*
11: el mejor sitio *the best place*   fresco *fresh*
12: ¿Cuánto(a)...? *How much...?*   carne molida *chopped meat*
    deber *must, should, ought to:* ¿debo...? *should I...?*
16: un kilo *a kilogram (Part of the metric system of measurement; one kilogram is equivalent to 2.2 pounds.)*
18: está abierto(a) *is open*   ya *already*

ENRICHMENT, UNIT 12   NAME_____

VIa. (continued)

Conteste las preguntas con una oración completa en español:

1. ¿Con quién vive Ana? _____
2. ¿Qué decide preparar Ana? _____
3. ¿Dónde compra doña Teresa la carne? _____
4. ¿A qué hora se abre la carnicería? _____
5. ¿A qué hora se cierra la carnicería los sábados? _____
   _____
6. ¿Dónde compra doña Teresa la fruta y las legumbres? _____
   _____
7. ¿Cuánta carne molida debe comprar Ana? _____
   _____
8. ¿Necesita Ana comprar aceite de oliva? ¿Por qué? _____
   _____
9. ¿Cuántos kilos de patatas debe Ana comprar? _____
   _____
10. ¿Por qué va Ana primero al mercado? _____
    _____

VIb. Ana compra la comida

Ana entra en el mercado y mira diferentes puestos. En uno de ellos, ella ve unas manzanas muy bonitas y baratas.

1 **Ana:** Buenos días, señor.
2 **Vendedor:** Buenos días, señorita. ¿Qué desea Ud.?
3 **Ana:** Deseo dos kilos de manzanas.
4 **Vendedor:** ¿Desea Ud. algo más?
5 **Ana:** También quiero dos kilos de patatas, un kilo de tomates maduros, una lechuga y medio
   kilo de cebolla.
6 **Vendedor:** ¿Algo más?
7 **Ana:** Nada más, gracias. ¿Cuánto es?
8 **Vendedor:** 765 pesetas.
9 **Ana:** Aquí tiene Ud. un billete de mil pesetas.
10 **Vendedor:** Y aquí tiene Ud. su cambio. Gracias.
11 **Ana:** ¿Dónde puedo comprar pan para hamburguesas?
12 **Vendedor:** El puesto donde se vende ese pan está cerrado hoy.
13   Ud. puede ir al supermercado de El Corte Inglés.

ENRICHMENT, UNIT 12   NAME _____

VIb. (continued)

Ana va a El Corte Inglés para comprar el pan y 400 gramos de queso amarillo. Entonces, vuelve a casa muy contenta porque tiene todo lo que necesita para la comida del domingo.

Vocabulario:

    el puesto   *stand where something is sold*
5: maduro   *ripe*
7: ¿Cuánto es?   *How much is it?*
9: Aquí tiene Ud. un billete de ...   *Here is a ... bill.*
10: el cambio   *change*
12: está cerrado(a)   *is closed*
    un gramo   *a gram* – When shopping for small quantities, Spanish people usually order by the 100 grams, about 3 1/2 ounces.
    volver   *to return:* vuelve *returns*
    todo lo que   *all that (which)*

Conteste las preguntas con una oración completa en español:

1. ¿Qué ve Ana en uno de los puestos del mercado? _____
_____

2. ¿Cuántos kilos de manzanas compra Ana? _____

3. ¿Qué más compra Ana? _____

4. ¿Cuánto es todo? _____

5. ¿Cuánto dinero le da Ana al vendedor? _____
_____

6. ¿Cuánto dinero le devuelve el vendedor a Ana? _____
_____

7. ¿Por qué no puede Ana comprar el pan para hamburguesas en el mercado? _____
_____

8. ¿Cuándo va Ana a cocinar la comida para la familia? _____
_____

Vocabulario:

6. devolver   *to return something:* él/ella devuelve ...   *he/she returns ...*

ENRICHMENT, UNIT 12 NAME_____

VII. Preguntas para Ud.

Conteste las preguntas con una oración completa en español.

1. ¿Compra Ud. la comida para su familia a veces? _____
_____

2. ¿Dónde compra Ud. la comida? _____
_____

3. ¿A qué hora se abre el supermercado o el mercado de su barrio? _____
_____

4. ¿A qué hora se cierra? _____
_____

5. ¿Está abierto el supermercado los domingos? _____
_____

6. ¿Está abierta la pizzería los domingos? _____
_____

7. ¿Está cerrado el correo el sábado o el domingo? _____
_____

8. ¿Qué tienda(s) está(n) cerrada(s) los domingos? _____
_____

9. ¿Qué tienda(s) está(n) abierta(s) los domingos? _____
_____

10. ¿Cuál es el horario de las tiendas de su barrio durante la semana? _____
_____

ENRICHMENT, UNIT 12   NAME_____

VIII. Anuncios de empleos (Advertisements for jobs)

Read the following classified ads for jobs from a newspaper from Mexico City and then answer the following questions in English.

SECRETARIA Español con inglés 60 por ciento $850,000.00 despensa magníficas prestaciones señorita excelente presentación ortografía mecanografía conozca computadora transnacional Cuauhtepec 564-58-43 564-32-84 Licda. Aguilar.

1a. Who can apply for this job?_____

1b. What languages are required?_____

1c. What abilities must the person have?_____
_____

VENDEDORAS de joyería fina y fantasía para tiendas y boutiques, ofrecemos: sueldo garangía y comisión, dama de 25 a 40 años indispensable automóvil, sin problemás de horario, entrevistas de 9.00 a 13.30 en Oklahoma 22 Col. Mapoles entre Filadelfia y Nebraska atención Lic. Borrego.

2a. How old must the applicant be?_____

2b. What must the applicant possess to apply for this job?_____

2c. What are the interview hours?_____

3a. For which of the following ads does the job include meals?_____

3b. Which of the ads asks for more than one person?_____

3c. Which of the ads limits the age of the applicant?_____

Chofer, 30-45 años muchas ganas de trabajar, sin vicios, licencia vigente, experiéncia, amplias referencias atender matrimonio en Satelite, viva por la zona, Llamar Sra. Hernández de 9.00 a 10.00 horas 562-36-81.

A

CHOFER particular conozca ciudad, bien presentado, presentarse Calle de Huichapan 25-3 Colonia Condesa.

B

SE Solicitan choferes presentarse en Sinaola No. 31 Colonia Roma ante, el Sr. Gutiérez 50. piso teléfonos 525-82-25 525-84-12.

C

CHOFER Mozo,, reauisitos recomendación, casa particular, $500.000.00 con comidas, Colonia, Tecamachalco 589-32-03.

D

4a. Of the following ads, which job is located near the subway?_____

4b. Which job requires working with adults in their home?_____

4c. Which job requires the applicant to be a graduate of a prestigious institution?_____

INGINIERO Químico, experiencia procesos y proyectos, inglés 80 por ciento, egresado Universidad de prestigio, edad máxima 35 años, amplia proyección profesional sueldo según aptitudes magníficas prestaciones 574-42-02 574-70-86

A

FARMACIA Social Solicita cajeras y aprendiz en el ramo Av. Universidad 1858 a una cuadra Metro A. Quevedo requisitos dos fotografías carta de recomendacion de último trabajo comprobante de domicilio de 10, a 13 horas.

B

MATRIMONIO sin hijos, trabajo en casa, atender dos personas adultas, personas limpias con experiencia, cartas recomendación 525-61-82

C

SITUACIONES ORALES, UNIT 12   NAME _____

    A. Function: Expressing feelings
       Role: I am your parent.
       Purpose: Express your ideas about an ideal job. I will begin the conversation.

1. **Madre/Padre:** ¿Qué trabajo te gustaría hacer?
   Tú: _____

2. **Madre/Padre:** ¿Dónde te gustaría trabajar?
   Tú: _____

3. **Madre/Padre:** ¿Por qué quieres hacer este trabajo?
   Tú: _____

4. **Madre/Padre:** ¿A qué escuela (universidad) vas a asistir?
   Tú: _____

5. **Madre/Padre:** ¿Tienes que asistir a la escuela graduada?
   Tú: _____

    Vocabulario:
5. ¿Tienes que ...?   *Do you have to ...?*   la escuela graduada   *graduate school*
   Tengo que asistir a ...   No tengo que asistir a ...

    B. Funcion: Providing and obtaining information
       Roles: We are friends from the old neighborhood.
       Purpose: You have moved and I want to find out about your new city and neighborhood. I will begin the conversation.

1. **Yo:** ¿Cómo es la ciudad de ...?
   Tú: _____

2. **Yo:** ¿Cuántos habitantes tiene la ciudad?
   Tú: _____

3. **Yo:** ¿Cuáles son las tiendas principales de tu barrio?
   Tú: _____

4. **Yo:** ¿Con quién vas a las tiendas (a la pizzería)?
   Tú: _____

5. **Yo:** ¿Qué sitios de interés y de recreo hay en tu ciudad?
   Tú: _____

    C. Function: Providing and obtaining information
       Role: I work in the department of personnel and interview prospective job candidates.
       Purpose: You are seeking a job in my company. I will begin the conversation.

Apuntes

Apuntes

Apuntes

Apuntes